Jean de Mairet, Karl Gustav Vollmöller

Sophonisbe

Mit Einleitung and Anmerkungen hrsg. von Karl Vollmöller

Jean de Mairet, Karl Gustav Vollmöller

Sophonisbe

Mit Einleitung and Anmerkungen hrsg. von Karl Vollmöller

ISBN/EAN: 9783743334076

Hergestellt in Europa, USA, Kanada, Australien, Japan

Cover: Foto ©ninafisch / pixelio.de

Manufactured and distributed by brebook publishing software (www.brebook.com)

Jean de Mairet, Karl Gustav Vollmöller

Sophonisbe

EINLEITUNG.

Vorliegende Ausgabe des berühmtesten, freilich mehr genannten als gelesenen Stückes von Mairet beruht auf der in meinem Besitz befindlichen ersten Ausgabe, und giebt dieselbe, auch in ihrer Orthographie und krausen Interpunktion, möglichst getreu wieder. Nur augenscheinliche Fehler, namentlich Druckfehler, diese besonders in der Interpunktion, sind gebessert. Alle Abweichungen verzeichnen die Anmerkungen. ( ) und [ ] sind in der bekannten Weise verwendet.

Die meisten späteren Ausgaben sind im wesentlichen unveränderte Abdrücke der ersten, allerdings mit modernisierter Orthographie und Interpunktion. Nur zwei dieser Ausgaben (in den Chefs-d'Œuvre dramatiques und in der Petite Bibliothèque des Théatres) zeigen selbständige Textgestaltung. Doch waren deren Änderungen, da nicht vom Verfasser, sondern von einem späteren Kritiker herrührend, für eine Ausgabe von Mairets Werk nicht zu berücksichtigen. In den Lesarten sind die Abweichungen aller erreichbaren Ausgaben von der 1635er mitgeteilt.

Über Mairets Leben und Werke in der Einleitung zu einer neuen Ausgabe der Sophonisbe eingehend zu handeln, schien mir nicht angebracht. Gaston Bizos, étude sur la vie et les œuvres de Jean de Mairet (Paris 1877, 400 S. 8) genügt zunächst vollkommen.

In dem Augenblick, da diese Einleitung zum Druck geht, erfahre ich übrigens auch, dass Herr Ernst Dannheisser, Assistent an der K. Realschule in Ludwigshafen am Rhein, eine Abhandlung nahezu fertig hat, welche sich hauptsächlich mit Mairets Leben und der Chronologie seiner Werke beschäftigt und im Frühjahr 1888 erscheinen wird.

Einiges zu Mairets Biographie möchte ich allerdings hier mitteilen. Zunächst über seine angeblich deutsche Herkunft.

Die Gebrüder Parfaict in ihrer hiftoire du Théatre François 4 (Paris 1745) 337 f., danach Goujet, Bibliothèque Françoise 18 (Paris 1756) 179 ff. und Marmontel, Chefs-d'Œuvre dramatiques, S. lxiii geben auf Grund eines Mémoire, das ihnen M. de Mayret, Seigneur de Romain, Neffe des Dichters, aus Besançon schickte, an: »Jean de Mayret tire son origine d'une ancienne famille noble, établie dans la Ville d'Ormond en Weftphalie, des dépendances de l'Electorat de Cologne. La Religion Proteftante s'étant introduite dans le païs, Gabriel Mayret, bifayeul de notre Auteur, attaché fortement à celle de fes ancêtres, & craignant d'être violenté pour embraffer la nouvelle, abandonna volontairement fes biens, & chercha une retraite à Befançon, accompagné de Jean de Mayret fon fils unique« .... Bizos S. 1 macht daraus gleich »la petite ville d'Ormund, non loin de Cologne, en Westphalie.«

Zunächst denkt man an Dortmund (= d'Ormond, Dormond), wie das schon G. Weinberg, das französische Schäferspiel in der ersten Hälfte des siebzehnten Jahrhunderts (Frankfurt a./M. 1884) S. 90 Anm.* gethan hatte. Auf eine bezügliche Anfrage antwortet mir aber Herr Oberlehrer Dr. Rübel in Dortmund Folgendes: »Aus Dortmund kann die Familie nicht stammen. 1) Ein Name, der irgend welche Ähnlichkeit mit dem Namen, welcher natürlich französiert sein müsste, hätte, ist hier nicht nachzuweisen. Die Namen der adligen Patriziergeschlechter Dortmunds sind hinlänglich bekannt, und in den zahlreichen Publikationen von Frensdorff, Hanssen, den meinigen u. a. sind die Mairets oder ähnliche Namen nicht zu finden. 2) Die Reformation in Dortmund ist erst in den Jahren 1570—1578 durchgeführt, jedoch ohne Zwangsmafsregeln gegen die Katholiken, die ruhig hier verblieben sind. Das weitere finden Sie in meinen Beiträgen zur Geschichte Dortmunds 1, 148 f. Ob unter Mairet der korrumpierte Namen eines benachbarten Adelsgeschlechtes etwa der Grafschaft Mark steckt, vermag ich nicht zu sagen. Meines Wissens existiert kein märkisches Adelsgeschlecht mit ähnlich klingendem Namen; bei Westfalen könnte man zunächst nur an die frühzeitig reformierte Grafschaft Mark denken.«

Im Regierungsbezirk Trier giebt es ein katholisches Dorf Ormont mit nach Neumann, Geographisches Lexikon des deutschen Reichs (1883), 300 Einwohnern, in dessen Nähe sich die Trümmer der einst bedeutenden Burg Neuenstein befinden, zu der Ormont früher gehörte. Gegen Ende des 16. Jahrhunderts wurde in Ormont für kurze Zeit die Reformation eingeführt. Eine Stadt ist Ormont allerdings niemals gewesen. Vgl. Schannat, Eiflia illustrata, von Bärsch III, 2, 1 (Aachen und Leipzig 1854) S. 254 ff. Auf meine Anfrage bei dem Ortsvorsteher von Ormont, Herrn Bürgermeister Max Hisgen in Stadtkyll, ferner bei dem Ortsgeistlichen, Herrn Pfarrer Joh. Becker in Hallschlag, erwiderten mir diese Herren, dafs in Ormont selbst der Name nicht vorkomme, dafs alte Kirchenbücher und Urkunden nicht vorhanden seien, dafs aber in Manderfeld und Rodt Familien mit Namen Maret (so ist unseres Dichters Vater im Kirchenbuch von Besançon verzeichnet; s. u.) wohnen. Dies ist nicht genau. Es sind das, wie ich von den betreffenden Herren selbst erfuhr, die Familien Maraite, deren Vorfahren sich teils so, teils Marette schrieben und französischer Abstammung sind. Sie haben also mit Mairet nichts zu thun.

Übrigens ist der Name *Ormond*, den die Parfaict angeben, nicht einmal sicher. In der zu Besançon (Stadtbibliothek) handschriftlich vorhandenen Gedächtnisrede des Rochet de Frasne auf Mairet, gelesen in der Akademie von Besançon, 28. Januar 1754 (Ouvrages des Académiciens

S. 282—304), steht, wie Herr L. Pingaud in Besançon, Professor der neueren Geschichte an der Universität, Sekretär der Akademie, mir ausdrücklich bestätigt, *Oytmund*, nicht *Ormond*. Allerdings rührt die Niederschrift nicht vom Verfasser der Rede selbst her, sondern von der des Lohnschreibers der Akademie, und die Form des *r* ermöglichte leicht eine Verwechslung mit *y*.

Von Ormont ist also jedenfalls abzusehen.

Mairet selbst sagt in der bekannten Lettre vom 30. September 1637 (Apologie | pour Monsieur | Mairet, contre les calomnies du Sieur Corneille de Rouen. MDCXXXVII, 32 S. 4⁰; nicht in der Pariser Nationalbibliothek, aber in der Arsenal-Bibl. und der Ste Geneviève, Y. 458 (3) Rés., auch Besançon, Stadtbibl. *); ich zitiere nach einer Abschrift, welche Herr Dannheisser in Besançon hat machen lassen): »Mon grand' père estoit venu de Strasbourg à Besançon pour y prendre les premières notions de la langue françoise comme c'est encore aujourd'huy, la première station des Allemands qui l'ont toujours aymée, tant pour la raison du territoire qui ne produit pas de mauvais vins que pour la liberté de cette ville impériale. In den Strafsburger Archiven findet sich nichts.

Der Name Maret ist, wie ich durch Vermittlung des Herrn Stadtbibliothekars Dr. Max Keuffer in Trier erfuhr, in Trier, Koblenz, Kaiserslautern, Kreuznach, Hanau, Berlin, Lübeck, Harburg vertreten. Diese deutschen Marets sind mit Ausnahme des Herrn Maret in Trier, der katholisch ist, weil seine Mutter es war, Protestanten. Ihre Vorfahren sind, einer Familientradition zufolge, nach der Widerrufung des Edikts von Nantes aus Dijon oder, nach anderen Mitteilungen, aus dem Languedoc, nach Holland und Deutschland gekommen. Alle Marets in Deutschland stammen, soviel man weifs, von einem Ahnen ab, der

---

*) Wie ich eben aus Paris erfahre, werden sämtliche auf den Cidstreit bezüglichen Schriften im Anschlufs an eine Arbeit über denselben demnächst von einem jungen Deutschen veröffentlicht, ein sehr dankenswertes Unternehmen, wenn man bedenkt, wie schwer zugänglich Einzelnes, z. B. die Apologie, ist.

VII

gegen Mitte vorigen Jahrhunderts in Trier lebte. In
Frankreich ist der Name in einer katholischen Linie noch
vielfach verbreitet*), so war z. B. der Kanzler des ersten
Napoleon, der Duc de Bassano, ein Maret. Die Familie
Maret hat sich nie Maraite oder Marette geschrieben.
Von Ormont weifs Herr Maret in Trier nichts. Ob unser
Dichter mit diesen Marets zusammenhängt, ist natürlich
nicht zu sagen. In jedem Falle aber glaube ich, die
deutsche Abstammung Mairets verneinen zu sollen, bis
bessere Beweise dafür gefunden sind. Noch erwähne ich,
dafs nach einer Mitteilung des Stadtarchivars, Herrn Prof.
Dr. Höhlbaum in Köln (wo nach der Notiz bei den
Parfaict nachgeforscht werden mufste), in den Kölner
Bürgeraufnahmelisten aus dem 16. Jahrhundert, dem einzigen
dortigen Material, welches für diesen Zweck Aufschlufs
verhiefs, sich folgende ähnlich klingende Namen
finden: *Marre, Mares, Meris, Merinck*. Keinerlei Ergebnisse
lieferten die sorgfältigsten Nachforschungen nach
Mairet und seiner Familie im Kais. und Kön. Haus-
Hof- und Staatsarchiv Wien und im Trierer Archiv. Ich
berichte über alle diese Schritte, um anderen die Mühe
vergeblichen Nachforschens zu ersparen.

Über Mairets Geburtsjahr ist Folgendes zu bemerken.
Nach seiner eigenen Angabe in der schon öfter angezogenen
Epistre dedicatoire zum Duc d'Ossone**), datiert

---

*) Das Pariser Adrefsbuch führt 9 Mairet und 15 Maret auf.
**) Ähnlich äufsert sich Mairet im Au Lecteur seines letzten
Stückes, der Sidonie, »Acheué d'imprimer la premiere fois le
30. Septembre 1643.« Ich teile die in mehr als einer Beziehung
interessante Vorrede hier ganz mit, da man sie bisher noch wenig
(vgl. Bizos S. 370) beachtet hat. »C'est icy non feulement la
plus nouuelle, mais encore la derniere de mes Pieces de Theatre,
fur laquelle il fe fera permis d'exercer ou ta Critique rigoureufe,
ou ton Iugeme[n]t fauorable: Puis que dés à prefent à l'exemple
de Meffieurs de Scudery, Du-Ryer, de Rotrou, & autres fameux
Auteurs, ie me retire fans regret des occupations de la Scene,
apres y avoir trauaillé 17. années. Il me femble que la Mufe
qui marche fur le Cothurne, n'auroit pas raifon de fe plaindre

VIII

vom 4. Januar 1636, ist er 1610 geboren, und so nahm man auch bis zum Erscheinen der hiftoire du Théatre François der Gebrüder Parfaict an. Sie nun bezeichnen im 4. Bd. dieses Werkes S. 338 f. auf Grund des schon erwähnten Mémoire als Geburtstag des Dichters den 4. Januar 1604. Marmontel a. a. O. S. lxiii schreibt 1601. Zu 1604 stimmt, aufser anderem, was man bei Gaspary nachlesen möge, vor allem schlecht, dafs zwischen der Aufführung und dem Druck auch der berühmtesten Stücke Mairets ein grosser Zwischenraum, und zwar gewöhnlich immer 6 Jahre, liegt. Und so glaubte Gaspary, Zeitschr. f. roman. Philol. 5 (1881) S. 70 ff., an dem Jahr 1610 festhalten zu müssen.

Das Kirchenbuch von Besançon stellt die Sache sehr einfach richtig. Ich wandte mich brieflich an den Maire von Besançon, Herrn Bruaud, und erhielt von ihm nachstehende Notiz des Herrn A. Castan, Archiviste de la ville de Besançon, Correspondant de l'Institut*).

du congé que ie luy demande, & que ie luy donne, apres auoir iuftement partagé la plus belle moitié de mon âge à fon feruice, fans autre recompenfe que d'vn peu de bruit, & de quelques feüilles de Laurier. Il eft temps deformais d'employer ce qui nous refte de loifir & de chaleur, à des ouurages plus ferieux, & dont le fuccez foit moins dependant de l'opinion ou de l'humeur d'vne affemblée, ou les voix fe comptent pluftoft qu'on ne les pefe; & de la difpofition des Acteurs, dont la plufpart affectent plus les perfonnages qui les contentent, que les rôles qui leur font propres. Au refte, fi plufieurs de mes amis qui font Iuges competans en cette matiere, ne me flattent point, Sidonie eft fans doute le plus acheué de tous mes Poëmes, tant pour la verfification, que pour l'artifice & la conduite du fujet: Ils n'en exceptent pas mefme la Sophoni[sb]e, ny la Cleopatre. Ce ne fera peut-eftre pas ton fentiment, mais il n'importe, à cela ne tienne que nous ne foyons toufiours bien enfemble, & que la Paix generale ne foit concluë. Adieu.«

*) Wie ich jetzt erst durch Herrn Dannheisser erfahre, dem es Herr Castan mitgeteilt hatte, ist dieser Auszug aus dem Kirchenbuch bereits gedruckt, Revue historique Bd. 25 (1884) S. 84 Anm. 1 in H. Tiviers Artikel über Mairets diplomatische Thätigkeit (Négociations de Jean de Mairet). Diese Veröffentlichung war den Litterarhistorikern entgangen.

Extrait du volume des Archives de la ville de Besançon, intitulé: »Liber Matrimoniorum ecclesiae parochialis Sancti-Petri Bisuntinae civitatis, anno 1601, item baptisatorum ab anno 1601 usque ad 1618.«

»Joannes, filius Joannis Maret [sic!] et ejus uxoris Mariae Clerget, baptizatus fuit die decima maii anno Domini millesimo sexcentesimo quarto; cujus patrinus fuit dominus doctor Joannes Sauget et matrina Joanna Cler.« Da die Kinder gewöhnlich am Tag nach ihrer Geburt getauft wurden, so ist der Dichter der Sophonisbe so ziemlich sicher am 9. Mai 1604 geboren.

Die Geschichte der Sophonisbedichtung behandle ich hier nicht, sondern verweise auf Ludwig Fries, Montchrestiens »Sophonisbe«, seine Vorgänger und Quellen, Marburger Dissertation 1886, sowie auf eine demnächst erscheinende Abhandlung meines Schülers A. Andrae: »Sophonisbe in der französischen Tragödie, mit kurzem Überblick über die dramatischen Bearbeitungen in andern Litteraturen.«

Dagegen schien es mir wertvoll, über die Ausgaben von Mairets Werken schon jetzt alles erreichbare Material zu vereinigen. Da mir aber nicht alle Drucke zugänglich waren, so konnte das Verhältnis der einzelnen Ausgaben eines Stückes zu einander nicht immer bestimmt werden.

Um Berichtigungen und Nachträge zu diesem Verzeichnis bitte ich sehr.

MAIRETS POETISCHE WERKE.

Handschriften sind mir nicht bekannt. Die Drucke sind nicht gerade häufig zu finden. In Deutschland haben wir meines Wissens nirgends ein vollständiges Exemplar von Mairets Dramen, sondern immer nur einzelne Stücke. Auch mein Exemplar ist nicht ganz vollständig; es fehlt der Solyman, dafür sind aber beinahe alle Stücke in den ersten Ausgaben vertreten. Meine Exemplare haben alle ältere

Einbände bis auf den Marc-Antoine von 1639, der aus losen, auf Schreibpapier aufgezogenen Blättern besteht.

Die Pariser Nationalbibliothek ist sehr reich an Exemplaren, weniger an Ausgaben, da jede Ausgabe mehrfach zu finden ist. Von den sonstigen öffentlichen Bibliotheken in Paris besitzt das Arsenal einzeln zwei Ausgaben, aufserdem zwei Sammlungen, B. L. 9740 und 9742 A. Die Bibliothèque Ste Geneviève und die Mazarine haben je nur zwei Sachen von Mairet. Was die übrigen Bibliotheken von Mairetdrucken besitzen, ergiebt sich aus meinen Bemerkungen zu den einzelnen Ausgaben.

Die mir zugänglichen alten Kataloge liefern folgende Angaben über Mairetdrucke*).

Ein wertvolles, vollständiges Exemplar der Werke Mairets ist das des Catalogue Pompadour (Catalogue des Livres de la bibliothèque de feue Madame la Marquise de Pompadour, Dame du Palais de la Reine. A Paris, rue S. Jacques, Chez Jean-Th. Herissaut, Imprimeur du Cabinet du Roi, Maison et Bâtimens de Sa Majesté, et Jean-Thomas Herissant Fils, Libraire, même maison. MDCCLXV. Avec Approbation.) S. 80: No 860. Théâtre de Mairet, sçavoir:

Chryseide et Arimand, T. C. Rouen, Cailloué 1639, in-8⁰. Sylvie, T. C. P. Paris, Targa, 1628, in-8⁰. La même. Troyes, Oudot, 1654, in-12. La même. Lyon, de la Riviere, 1656, in-8⁰. La même. Rouen, Berthelin, 1667, in-12. La même. Troyes, Oudot, 1681, in-12. Silvanire, ou La Morte vive, avec une Préface en forme de Discours poëtique, T. C. P. Paris, Targa, 1631, in-4⁰. Le Duc d'Ossonne, C. Paris, Rocolet, 1636, in-4⁰. La même. Paris, Rocolet, 1696, in-12. Virginie, T. C. Rocolet, Paris, 1635, in-4⁰. Sophonisbe, T. Paris, Rocolet, 1635, in-4⁰. Marc-Antoine, T. Paris, Sommaville, 1637, in-4⁰. La même, Paris, Sommaville, 1639, in-12.

---

*) Was von den nachstehend verzeichneten Exemplaren in öffentliche Bibliotheken übergegangen ist, vermag ich ohne Erhebungen an Ort und Stelle nur ausnahmsweise zu ermitteln.

Le Grand et dernier Solyman, ou La Mort de Mustapha, T. Paris, Courbé, 1639, in-4⁰. Le Roland furieux, T. C. Paris, Courbé, 1640, in-4⁰. L'illustre Corsaire, T. C. Paris, Courbé, 1640, in-4⁰. La même, Paris, Courbé, 1641, in-12. Athenais, T. C. Paris, de Braquigny, 1642, in-4⁰. La même, Paris, de Braquigny, 1645, in-8⁰ *). La Sidonie, T. C. Paris, Sommaville, 1643, in-4⁰. Mêlanges poëtiques, Paris, Targa, 1628, in-12. Die berühmte Bibliothek Pompadour wurde leider in dem Verkauf von 1765 zerstreut. E. Quentin Bauchart, les femmes bibliophiles de France, 2, 55—90, giebt ein Verzeichnis von 127 Werken aus dieser Sammlung, die sich jetzt bei verschiedenen Amateurs befinden. Es sind dies natürlich nur solche Bücher, welche sich entweder durch Prachteinband oder durch andere äufsere Vorzüge auszeichnen. Mairets Werke werden nicht erwähnt (Mitteilung des Herrn Émile Picot in Paris.).

Der Cat. Soleinne (Bibliothèque dramatique de Monsieur de Soleinne. Catalogue rédigé par P. L. Jacob, Bibliophile.) führt drei Exemplare von Mairets Werken auf, zwei vollständige, eines Bd. 1, Paris 1843, S. 225 f. unter No. 1056, exemplaire de Crozat, jetzt auf der Pariser Nationalbibliothek, 4 vol. in-4⁰, v. f. fil., 12 pièces, das andere, Dernière partie, Livres doubles et Livres omis, 1845, S. 20 No. 145, 12 pièces en 2 vol. in-4⁰, v. br., fil. Armes, et 1 vol. in-8⁰, v. gr. Vielleicht aus der Méonschen Bibliothek stammend, die Soleinne teilweise gekauft hat (Cat. Soleinne 1, préface S. XII f.). Allerdings fehlte diesem Méonschen Exemplar die Sophonisbe,

*) Hierauf verzeichnet der Katalog eine andere Ausgabe der Athenaïs, »Paris, Ribou 1700, in 12.« Das ist ein Irrtum. Die Ausgabe befindet sich in der Pariser Nationalbibliothek (Y. Th. 1345) und hat folgenden Titel: Athenaïs, | Tragédie, | [Vignette] | A Paris, | Chez Pierre Ribou, proche les | Augustins, à la descente du Pont-neuf, | à l'Image S. Loüis | MDCC. | Avec Privilege dv Roy. 6 Bll. Titel, Preface, Livres Imprimez chez Pierre Ribou, Extrait dv Privilege dv Roy und Personenverzeichnis. 83 pag. Seiten in 12. Dies ist, wie schon aus dem Privilege hervorgeht, die Athenaïs von La Grange.

sonst war es vollständig. Vgl. Catalogue des livres . . . qui composaient la Bibliothèque de M[éon], Paris 1803, S. 247. Doch hat Soleinne es vielleicht ergänzt. Ein unvollständiges Exemplar hat der Cat. Soleinne unter No. 1057. in dem Sylvie, Criseide et Arimant und Virginie fehlen. Einzelnes steht dort unter No. 1058, 1059, 1127. Weitere vollständige Exemplare verzeichnen der Catalogue La Valliere. II, 5, 45 No. 17384 und die Bibliothèque dramatique de Pont de Vesle augmentée et complétée par les soins du Bibliophile Jacob, Paris 1846, S. 69 f. No. 765 (»Le Marc-Antoine et la Sylvie sont d'une édition différente de celles du Catalogue Soleinne.«).

Die Sylvanire einschliefslich Œuvres lyriques, 1631, der Corsaire, 1640, die Athenaïs, 1642, die Sidonie o. J. sind verzeichnet im Catalogue de livres provenant des bibliothèques du feu roi Louis-Philippe. Bibliothèques du Palais-Royal et de Neuilly. Deuxième partie, Paris 1852, No. 1155, in einem Sammelband Tragédies et comédies de Mairet, Regnault, etc. 2 vol. in-4°.

Nur auch sonst Bekanntes enthält der Catalogue Techener (description bibliographique des livres choisis en tous genres composant la librairie J. Techener, Paris 1855. 58, 2 Bde. 8°) II S. 323 f. (8 Drucke) und der Catalogue des livres rares . . . . . de la librairie de L. Potier II, Paris 1872, S. 208 No 1579 (nur Silvanire und Autres œuvres lyriques 1631).

Ich führe nun die mir bekannten Ausgaben der Werke Mairets hier auf. Es giebt nur Einzelausgaben, welche von Liebhabern in Sammelbände gebracht worden sind, dann Drucke einzelner Stücke in Sammlungen. Eine Gesamtausgabe der Werke Mairets ist nie veranstaltet worden. Corneille verdrängte Mairet rasch.

Das Verzeichnis bei Gaston Bizos, étude sur la vie et les œuvres de Jean de Mairet (Paris 1877) S. 392 f., wird durch das Folgende vielfach ergänzt. Meine Angaben beruhen beinahe durchweg auf Einsicht der Ausgaben durch mich oder andere. Manches besitze ich auch selbst. ** vor dem Titel bedeutet: in meinem Besitz, * vor dem

Titel bedeutet: von mir selbst eingesehen. Die Exemplare der Pariser grofsen Bibliotheken, welche ich nicht auch besitze, haben die Herren Dr. W. Grünberg und Dr. Gräfenberg für mich eingesehen, und ich gebe ihre Beschreibung wörtlich wieder. Viele Nachweise verdanke ich der bekannten Liebenswürdigkeit von E. Picot in Paris. Die Herren Stadtbibliothekare in Amiens, Lyon, Rennes, Rouen, sowie Herr F. J. Furnivall in London haben mir über seltene Ausgaben in freundlichster Weise Auskunft erteilt. Ihnen, sowie den im Vorstehenden schon genannten Herren, ferner den grofsen Bibliotheken in Berlin, München, Strafsburg, Stuttgart, Wien, Wolfenbüttel, welche mir unbekannte Ausgaben hierherschickten, sage ich meinen verbindlichsten Dank.

Soweit ich die Ausgaben prüfen kann, und abgesehen von dem über einige Sophonisbedrucke schon Bemerkten, ist immer eine Ausgabe aus der andern geflossen, die späteren natürlich mit modernisierter Orthographie und Interpunktion.

I. CHRYSEIDE ET ARIMAND *).

1) Chryſeide | Et | Arimand. | Par le ſieur Mairet, | Tragi-Comedie. | [Vignette] | A Rouen, | Chez Jacques Beſongne, dans | la Cour du Palais. | M.DC.XXX. | 2 Bll. Titel; Le Libraire au Lecteur; Acteurs. 112 p. S. 8⁰. Vgl. Bibl. dram. de Pont de Vesle No. 769. Fehlt, wie es scheint, der Pariser Nationalbibliothek und findet sich blofs in der Arsenalbibliothek, da allerdings in zwei Exemplaren in den Sammelbänden: B. L. 9740 und B. L. 9742 A.

Im gleichen Jahr noch erscheint: 2) **Chriſeide | et | Arimand. | Par le ſieur Mairet, | Tragi-comedie. | A Paris. | Iouxte la copie Imprimée à Rouen | Chez Jacqves

---

*) Ich verzichte darauf, in den folgenden Titelangaben die Schriftgattungen der Originalausgaben zu reproduzieren, da ich die Ausgaben nicht immer selbst einsehen konnte.

Befongue. | M.DC.XXX. 2 Bll. wie oben, 106 p. S. 8⁰.
Cat. Soleinne No. 1056; Bibl. dram. de Pont de Vesle
No. 766. In der Pariser Nationalbibliothek in mehreren
Exemplaren vorhanden. Ferner in Besançon, Stadtbibliothek. London, Brit. Mus; der Schlufs in diesem
Exemplar handschriftlich ergänzt.

3) Eine letzte Auflage erlebte das Stück 1639:
Chrifeide | Et | Arimand. | Tragi-Comedie. | Par le fieur
Mairet. | [Vignette], A Rouen, | Chez Jacques Cailloüé,
dans | la Court du Palais. | M.DC.XXXIX. 2 Bll. wie
oben, 106 p. S. 8⁰. Paris, Nat.-Bibl. Y. 5548 c. 2.
Alle drei Ausgaben sind unprivilegierte Drucke. Vgl. das
Vorwort des Verlegers, welches in allen drei Ausgaben
dasselbe ist. Es lautet: »Le Libraire au Lecteur. Amy
Lecteur, cefte Tragi-comedie eftant tombée entre mes mains,
& fortant d'vne des bonnes plumes de France, comme fa
lecture t'en fera foy, I'ay creu qu'il eftoit de mon deuoir
de la mettre en lumiere, pour t'en faire participant, te
fuppliant de la receuoir d'auffi bon cœur que ie te la
prefente. Adieu. Mairet macht seiner Entrüstung über
die unrechtmäfsige Ausgabe Luft im Advertissement au
Lecteur der vierten, 1630, nach dem Erscheinen des
Besongueschen Drucks veröffentlichten Ausgabe der Silvie.
Dasselbe ist so interessant, dafs ich es ganz hersetze.
»AMy Lecteur, Je fuis obligé de t'aduertir, que l'auarice
de certains Libraires a falfifié les prefentes Oeuures, au
preiudice de ce peu de bruit que les plus mediocres
Efcriuains font encore bien aife de s'acquerir panny les
honneftes gens, pour toute recompenfe de leur temps perdu.
Les fautes que leur ignorance a laiffé glifler dans mes
Efcrits font que i'ay iufte fujet de defaduoüer tous ceux
qui iufques icy fe font pû vendre fous mon nom, s'ils
ne font de l'impreffion de François Targa: & entre autres
vne Tragi-Comedie intitulée Crifeide et Arimant,
que i'ay compofée au fortir des Efcoles à l'âge de quinze
à feize ans, & laquelle vn Imprimeur de Roüen nommé
Jacques Befongue a mife au iour cette année, fans priuilege ny Argument, auec tant de fautes contre mon fens,

que ie ne puis la recognoiſtre pour mienne. Ce que i'en dy n'eſt pas pour donner plus de prix à mes Pieces par le ſoin qu'on a voulu prendre de les falſifier: Tu n'es pas à ſçauoir qu'on treuue des faiſeurs de fauſſe monnoye qui contrefont auſſi bien le coin du Prince pour vn ſols que pour vne piſtole. Contente-toy de cet ouurage cy, eu attendant que ie te donne vne Tragi-Comedie purement Paſtorale de ma derniere & meilleure façon. Ce que ie promets à ta curioſité, ie le tiendray dans cette année 1630. ADIEV.« Die vorhergehenden Ausgaben der Silvie haben die andere, bei Silvie No. 1 mitgeteilte Vorrede. Vgl. ferner über Mairets Schritte gegen die ohne seine Erlaubnis veranstaltete Ausgabe und das tragische Geschick des Nachdruckers die hiſtoire du Théatre François 4, 343 Anm. »Il [Mairet] fit ce qu'il pût pour en empêcher la vente, juſques-là que Jacques Beſongne, Libraire à Rouen, qui l'avoit mis ſous la preſſe, fut obligé par les pourſuites de François Targa, à qui il en avoit laiſſé procuration, de faire un voyage à Paris, où le pauvre homme mourut ſubitement.« Mairet selbst erzählt den Hergang in der Epître familière S. 9, abgedruckt von Marty-Laveaux, œuvres de P. Corneille (Gr. Écriv.) III, Paris 1862, S. 71, Anm. 2 und sonst, z. B. bei Fournier, Théâtre français au XVIe et au XVIIe siècle, 2, 210. Niceron, Mémoires pour servir à l'histoire des hommes illustres dans la république des lettres, Bd. XXV (Paris 1734) S. 244, spricht von einer Ausgabe der Chriseide Rouen 1629 in-8⁰. Das ist Druckfehler oder Verwechslung mit 1639.

II. LA SYLVIE.

Grofs ist die Zahl der Ausgaben der Silvie. Bizos beziffert dieselbe auf dreizehn; wir werden sehen, dafs es deren mehr sind.

1) Die älteste ist: La Sylvie | Du Sieur | Mairet. | Tragi-Comedie-Paſtorale. | Dediee A Monſeigneur | De Montmorency. | A Paris, | Chez François Targa, au pre-| mier pilier de la grand' Salle du Palais, | devant les

Confultations. | M.DC.XXVIII. | Avec Privilege du Roy. | 6 Bll. Titel; Widmung A Monfeigneur de Montmorency, Duc, Pair et grand Admiral de France etc.; Argument; Advertiffement au Lecteur; Extraict du Privilege du Roy (Ledit Privilege eft entheriné aux Requeftes de l'Hoftelle 10. Novembre 1627); Les Acteurs; 136 p. S. 8°. Angebunden sind: Autres Œuvres Poëtiques Du Sieur Mairet. A Paris, Chez François Targa, au premier pilier de la grand' Salle du Palais, devant les Confultations. M.DC.XXVIII. Avec privilege du Roy. 71 p. S. und die Chriseide. Paris 1630. Paris, Nat.-Bibl. Y † 5701. Ebenso sind diese drei zusammengebunden in dem Exemplar der Stadtbibliothek von Besançon. Das Advertiffement au Lecteur lautet: AMY Lecteur, tu treuueras deux fortes de fautes en ce Liure, que la curiofité de mes amis fait voir au iour malgré moy, n'ayant iamais eu deffein de rendre mon ignorance publique: les vnes font de l'Imprimeur, & les autres viennent de moy; pour celles-cy ie les abandonne d'auſſi bon cœur à ta cenfure, que ie te prie de pardonner à celles-là, & d'en remettre le chaftiment à la feconde Edition. Auffallend ist eine Notiz im Cat. Soleinne 1, 226, wo unter No. 1058 folgende Ausgabe verzeichnet wird: »La Sylvie du sieur Mairet. Tragi-comédie Pastorale. (5 a. v.) Edition seconde. Paris, François Targa, 1628 — Autres Œuvres poëtiques du même. Ibid., id., 1628; 2 part. en 1 vol. in-8, parch. vert. Première édition de cette pièce qui eut une si grande célébrité et qui fut réimprimée par le même libraire et dans le même format en 1629 et 1630; à Rouen, Bouley, 1629 et 1631, et à Paris, Marette 1634.« Was »Edition seconde« bedeuten soll, weiſs ich nicht. Auch sonst kennt niemand diese zweite Ausgabe. Eine solche fehlt den Pariser öffentlichen Bibliotheken. Es ist nur e i n e Ausgabe von 1628 bekannt.

Bis auf die Titelblätter scheinen mir folgende zwei Ausgaben (beide Nachdrucke) ganz identisch zu sein.

2) **La Sylvie | Dv Sievr | Mairet, | Tragi-Comedie-Paftorale. | Dedice A Monfeignevr | De Montmorency. |

[Vignette] A Paris, | Chez François Targa, | Et se vendent à Roüen chez Jean Bovley, | ruë aux Iuifs, entre les deux portes | du Palais. | M.DC.XXIX. 6 Bll. Titel; Widmung wie oben; Argument; Advertiffement av Lectevr: derselbe Wortlaut wie No. 1, nur am Schlufs *à cne autre Edition* statt *à la feconde E.* An Stelle des Privilegs findet sich das Gedicht:

Av Sievr Mairet.
Mairet cette belle Sylvie
Que la Scene cherit fi fort,
Te donnera malgré la mort
Le bien d'vne eternelle vie.
                              L. T. X.;

Les Actevrs. 131 p. S. 8⁰. Auch Dresden; Paris, Nat.-Bibl. Vgl. Cat. Techener No. 10337. Angebunden: Avtres | Œvvres | poetiqves | dv Sievr | Mairet. [Vignette] A Roven, | Chez Jean Bovley, ruë aux Iuifs, entre | les deux portes du Palais. | M.DC.XXIX. 61 p. S. 8⁰. Auch Dresden.

3) La Sylvie | Du Sieur | Mairet. | Tragi-Comedie-Paftorale. | Dediee A Monseignevr | De Montmorency | A Rouen, | Chez Jean Bouley, ruë aux Juifs, entre | les deux portes du Palais. | M.DC.XXIX. | 6 Bll. wie oben, 131 p. S. 8⁰. Arsenalbibl. B. L. 10909. Auch hier die Autres œuvres poétiques angebunden; ein anderes Exemplar meiner Ausgabe No. 2, aber unvollständig, nur 60 S., das letzte Blatt mit S. 61 fehlt. Vgl. Catalogue La Vallière II, 5, 45 No. 17385.

Das Jahr 1630 brachte drei Ausgaben der Silvie. Zunächst einen Nachdruck von No. 2.

4) *La Sylvie | Dv | Sievr | Mairet. | Tragi Comedie Paftorale. | Dediee A Monfeignevr | De Montmorency. [Vignette] A Roven, | Chez Iean Bovlley, ruë aux Iuifs, | entre les deux portes du Palais. | M.DC.XXX. | 6 Bll. Titel; Widmung A Monfeigneur de Montmorency etc.; Argument de la Sylvie; Advertiffement av Lecteur; Au Sieur Mairet; Les Acteurs. Kein Privileg. 110 p. S. Am Schlufs des Bandes mit fortlaufender Paginierung:

Avtres | Oevvres poetiqves dv Sievr | Mairet. [Andere Vign.]
A Roven, Chez Iean Bovley, ruë aux Iuifs, | entre les deux
portes du Palais. | M.DC.XXX einschl. Titel S. 111—170.
8°. Wien. Genauer Abdruck der Ausgabe von 1629 (No. 2),
nur auf eine geringere Anzahl von Seiten zusammengedrängt.
Dasselbe gilt für die Autres œuvres poétiques, nur
dafs hier die Titelblätter der Ausgaben von 1629 und
1630 genau übereinstimmen und die Paginierung in 1630
fortläuft, während in 1629 die Autres œuvres poétiques
besonders paginiert sind. Von der Targaschen Ausgabe
1630 unterscheidet sich diese (No. 4) durch Folgendes:
das Advertissement au Lecteur ist in No. 4 das alte.
Die Orthographie ist in No. 4 älter als in No. 5.
Druckfehler, welche No. 4 hat, werden von No. 5 verbessert.
Die Sceneneinteilung wird von No. 5 einmal geändert:
die 2. Scene des I. Aktes ist geteilt, der erste Akt
hat also 5 Scenen.

5) Eine bei Targa, die dritte bei diesem Verleger.
**La Sylvie | Dv Sievr | Mairet. | Tragi-Comedie-Paftorale. |
Dediee A Monfeignevr | De Montmorency. | Troifiefme
Edition, reveuë & corrigée | par l'Autheur. [Vignette]
A Paris, | Chez François Targa, au premier pilier | de la
grand' Salle du Palais, deuant les | Confultations, au Soleil
d'or. | M.DC.XXX. | Auec Priuilege du Roy. | 6 Bll. Titel;
Widmung A Monfeignevr Le Dvc de Montmorency & de
Dampuille, Pair & grand Admiral de France, &c.; Argvment
de la Sylvie; Av Sievr Mairet; Advertiffement av
Lectevr [dasselbe ist unter Chriseide No. 3 abgedruckt].
Extraict du Priuilege du Roy (Ledit Priuilege eft entheriné
aux Requeftes de l'Hoftel le 10. Nouembre 1628); Les
Actevrs; 131 p. S. 8°. S. 132 ist leer. S. 133—203
entbält Avtres | Œvvres | Poëtiqves | Dv Sievr
Mairet. [Vignette] A Paris, | Chez François Targa, au
pre- | mier pilier de la grand' Salle du Palais, | deuant
les Confultations. | M.DC.XXX. | Auec Priuilege du Roy. |
S. 133—34 unp. Titel, S. 135—203 paginiert. S. 201
steht ein »Sonnet à Monfievr Denis«. Anf. Tv penfes, cher
amy, que dans ma folitude, welches die früheren Ausgaben

noch nicht haben, wohl aber die späteren. S. 204 leer. Besançon, Stadtbibliothek. Ein drittes Exemplar dieser Ausgabe befindet sich auf der Grande Bibliothèque de la Ville de Lyon. Sonst finde ich die Ausgabe nur erwähnt in der Bibliotheque du Théatre François, depuis son origine, Dresde 1768, 2, 88.

6) La Sylvie | du sieur | Mairet. | Tragi-Comédie-Pastorale. | Dédiée à Monseigneur | de Montmorency | A Caen, | De l'Imprimerie, de | Jacques, Mangeant. | M.DC.XXX. | 6 Bll. Titel; Widmung A Monseigneur de Montmorency, Duc, Pair, et Grand-Admiral de France; Argument de la Sylvie; Advertiſſement au Lecteur; Au Sieur Mairet; Les Acteurs. Kein Privileg. 131 p. S. 8⁰. Hierauf mit neuer Pagination: Autres | oeuvres | poetiques du Sieur | Mairet. | A Caen, | de l'imprimerie, de | Jacques, Mangeant. [M.DC.XXX. | Unvollständig. S. 1—50. Bis dahin genau wie in unserer No. 2. Nur in der Stadtbibliothek in Amiens vorhanden (B. L. 2071.). Fehlt den Pariser öffentlichen Bibliotheken. Den Nachweis dieser Ausgabe verdanke ich É. Picot. Vgl. auch Bibl. dram. de Pont de Vesle No. 766. Der Bibliothekar der Bibliothèque communale in Amiens, Herr R. Vion, hat mir auf meine Anfrage obige nähere Mitteilungen über die Ausgabe gemacht. Er fügt noch bei: »Notre exemplaire, court de marges, fatigué, mal conservé dans sa reliure en parchemin, dos en papier, a perdu au moins un cahier et demi, à la fin; les œuvres poétiques, paginées à part, n'ont que 50 pages qui se suivent; les 3 ou 4 derniers feuillets sont séparés par des lacunes.«

7) Eine Ausgabe, Rouen, Jean Boulley, 1631, 8⁰, kenne ich nur aus Cat. Soleinne No. 1058 und genauer aus Bibl. dram. de Pont de Vesle No. 766. Wo ist das Ex. jetzt?

8) La Sylvie [du sieur | Mairet. | Tragi-comedie-Pastorale. | Dediée a Monseigneur | De Montmorency. Quatriesme Edition, reueuë & corrigée | par l'Autheur. [Vignette] A Paris, | Chez Estienne Savcié, ruë des sept | Voyes, a sainct Hilaire. | M.DC.XXXIII. | 6 Bll. Titel;

Widmung; Argument; Au Sieur Mairet; Advertissement au Lecteur; Les Acteurs. Kein Privileg. 131 p. S. S. 132 ist leer. Darauf folgt mit fortlaufender Paginierung S. 133—203 Avtres | Œuvres, | Poetiques | dv Sievr | Mairet. [Vignette] A Paris, | Chez Estienne Socié, ruë des sept Voyes, à sainct Hilaire. | M.DC.XXXIII. |S. 204 ist leer. Vgl. Bibl. dram. de Pont de Vesle No. 766. Auch von dieser Ausgabe ist mir nur ein Exemplar, London, Brit. Mus., bekannt. Sie fehlt den Pariser öffentlichen Bibliotheken.

9) Die Bibl. dram. de Pont de Vesle bringt unter No. 766 nach unserer No. 8 und vor der Ausgabe von 1681 noch folgende, mir sonst ganz unbekannte: »Rouen, Jean-B. Besongne, s. d., in-12, monté in-8°.« Wo ist das Ex. jetzt?

Wieder drei Ausgaben haben wir 1634.

10) La Sylvie | Du Sievr | Mairet. | Trage-Comedie-Paſtorale. | Dediee A Monſeigneur | De Montmorency. | Quatrieſme Edition, reveuë, et corrigée | par l'Autheur. [Vign.] A Paris, | Chez François Targa, au premier pilier | de la grand' Salle du Palais, deuant la | Chapelle, au Soleil d'or. | M.DC.XXXIIII. | Avec Privilege du Roy. | 6 Bll. wie No. 1. 131 p. S. 8°. So auch Cat. Soleinne No. 1056. Der Band bietet S. 133—203 Avtres | Œvvres Poetiques | Dv Sievr | Mairet. [Vignette] A Paris, | Chez François Targa, au pre-|mier pilier de la grand' Salle du Palais, | devant les Conſultations. | M.DC.XXX. | Avec Priuilege du Roy. | Paris, Nat.-Bibl. Y non porté (Réserve). Ein Exemplar dieser Ausgabe der Silvie, VI, 130 S., findet sich in der Arsenalbibliothek, B. L. 9739. S. 131—196 enthalten die Avtres | œvvres poetiqves dv Sievr | Mairet. [Vignette] A Paris, | Chez François Targa, au premier pilier | de la grand' Salle du Palais, deuant la Chapelle. | M.DC.XXXIIII. | Auec Priuilege du Roy.

11) La | Sylvie | Dv Sieur | Mairet. | Tragi-Comedie-Pastorale. | Dédiée A Monseigneur | De Montmorency. Dernicre Edition. | A Paris, | De l'Imprimerie de Claude Marette, | ruë des Noyers, au Chapeau Rouge. |

M.DC.XXXIIII. | 4 Bll. Titel; Widmung A Monſeigneur le Dvc De Montmorency ....; Argument; Les Acteurs. Kein Privileg. 131 p. S. 8⁰. Dieser Ausgabe angefügt mit Fortführung der Seitenzahlen (133—199): Avtres Œvvres | Poëtiqves | Dv Sievr | Mairet. | M.DC.XXXIII. Paris, Nat.-Bibl. Y 5701. Arsenal B. L. 9742 A. Besançon. Stadtbibl. Vgl. Cat. Soleinne No. 1058, Bibl. dram. de Pont de Vesle No. 765 und Catalogue La Vallière II, 5, 45, No. 17 384. Da die Autres Œuvres poétiques immer mit der Silvie zusammen erschienen sind und hier in beiden Exemplaren die Jahreszahl 1633 tragen, so ist eine Ausgabe der Silvie bei Marette vom Jahr 1633 nicht unwahrscheinlich. Aufgefunden ist sie noch nicht.

12) Eine Ausgabe bei Nic. Oudot in Troyes von 1634, 8⁰, verzeichnet der Catalogue La Vallière, 1767, No. 3016. Mitteilung Picots. Wo ist das Ex. jetzt?

13) *La Sylvie | Dv Sievr | Mairet. | Tragi-Comedie Paſtorale. | Dediee a Monſeignevr | De Montmorency. | Sixieſme Edition, reueuë & corrigée | par l'Autheur [Vignette]. A Paris, | Chez Nicolas & Jean de la Coſte, au mont | S. Hilaire, à l'Eſcu de Bretagne, & en leur boutique à la petite porte du Palais, deuant les Auguſtins. M.DC.XXXV. | 6 Bll. Titel; Widmung wie No. 5; Argument; Au Sieur Mairet, von L. T. N.; Les Acteurs. Kein Privileg. 131 p. S. 8⁰. S. 132 leer. S. 133—203 enthält Avtres | Œvvres | Poetiques | Dv Sievr | Mairet. [Dieselbe Vignette] A Paris, | Chez Nicolas & Jean De La Coſte, au | mont S. Hilaire à l'Eſcu de Bretagne, | & | En leur boutique à la petite porte du Palais, | deuant les Auguſtins. | M.DC.XXXV. | S. 133—34 Titel. S. 204 leer. München.

14) La Sylvie | du Sieur | Mairet. | Tragi-Comedie Pastorale, | Dedié A Monseigneur | De Montmorency. | Dernière Edition. | A Troyes, | Chez Nicolas Oudot: en la ruë | notre Dame, au Chappon d'Or Couronné. 1654. | 95 p. S. 8⁰, davon die ersten 6 Titel; Widmung; Argument; Acteurs. Kein Privileg. Paris, Ste Geneviève.

15) Lyon, Cl. de la Riuière, 1654. 8⁰. Cat. Pom-

padour, 1765, No. 860. Mitteilung Picots. Wo ist das Ex. jetzt?

16) Rouen, Berthelin, 1667. 12. Cat. Pompadour, 1765, No. 860. Mitteilung Picots. Wo ist das Ex. jetzt?

17) La Sylvie | Du Sieur | Mairet, | Tragi-Comedie | Pastorale, | Dedie A Monseigneur | De Montmorency. | Derniere Edition. | A Paris, | Chez Olivier Courbé au Palais | a la Palme. | M.DC.LXXXI. | 3 Bll. Titel; Widmung; Argument; Acteurs. Kein Privileg. 88 p. S. in 12^0. Paris, Nat.-Bibl. Y 5548 C. 13. (Réserve.) Die Angabe des Verlegers ist in dem Ex. nur mit Tinte später eingetragen.

18) ** La Sylvie | Du Sievr | Mairet, | Tragi-Comedie | Paſtorale, | Dedié [so!] A Monſeignevr | De Montmorency. | Derniere Edition. [Vignette] A Troyes Chez Nicolas Oudot, & ſe vendent | A Paris, | Chez la Vefve Nicolas Ovdot, | ruë vieille Bouclerie. | M.DC.LXXXI. | 3 Bll. Titel; Widmung; Argument; Les Acteurs. Kein Privileg. 88 p. S. 12^0. Ein anderes Exemplar auf der Pariser Nationalbibliothek (ohne Nummer). Vgl. auch Cat. Pompadour, 1765, No. 860. Die Ausgaben von 1654 und 1681 gehören also zusammen.

19) Die Bibl. dram. de Pont de Vesle No. 766 verzeichnet eine Ausgabe der Sylvie, Paris, Ant. de Rafflé, 1681, in-12 monté in-8. Wo ist das Ex. jetzt?

Die letzte Ausgabe der Silvie ist:

20) La | Sylvie | du Sieur | Mairet | Tragi-Comedie | Pastorale. | A Caen | Chez J. Jacques Godes imprimeur proche | le College des R. R. P. P. Jesuites. | M.D.CC.XVI.| Kein Privileg. Stadtbibliothek in Rennes No. 8148, wie mir E. Picot mitgeteilt hat. Der Herr Bibliothekar der Stadtbibliothek zu Rennes hat mir die Ausgabe genau beschrieben. Er bemerkt ferner: »Cette pièce est assez bien conservée, mais très courte de marges. Elle a été brochée, la seconde, dans un recueil factice qui en comprend trois autres, savoir:

1° Le Gardien de Soy-mesme. Comedie de Monsieur Scarron. — A Amsterdam. Raph. Smith. M.DC.LV.

2° La Sylvie.
3° Les Amours de Jupiter et de Semelé. Tragédie par M. Boyer. — A Paris, et se vend au Palais. — M.DC.LXVI.
4° Astrate roy de Tyr. Tragédie (par Quinault). — A Amsterdam, chez Raphael Smith. — M.DC.LXV.

C'est un in-12 de 84 pages, y compris le titre. Les cahiers portent les signatures A-O et sont composés alternativement de 4 et de 2 feuillets, soit 8 et 4 pages. Au verso du titre de la Sylvie (page 2) est le tableau des »Acteurs«. Le 2ᵈ feuillet, paginé 3 et 4, contient »l'Argument de la Sylvie«. La pièce commence à la page 5. Sur cette même page 5 est la signature: Poullain, sans doute celle de Poullain du Parc, célèbre jurisconsulte Rennais (1703—1782), qui legua par testament ses livres, au nombre de 786 volumes, à la bibliothèque des Avocats de Rennes, devenue municipale après la Révolution. Néanmoins je ne vois figurer le titre d'aucune des pièces citées ci-dessus, dans l'état, d'ailleurs très sommaire, des livres de Poullain Du Parc, dressé le 13 mars 1783 par le Bibliothécaire des Avocats. J'y relève seulement cette indication vague, parmi les œuvres dramatiques: Recueil de pièces, un vol. in 12.«

Falsch ist Mouhy's Angabe, abrégé de l'histoire du Théatre François, nouv. éd., Paris 1780, 2, 213, die Sylvie sei 1620 gedruckt worden. Es ist das einer der vielen Druckfehler, die das Buch hat.

III. LA SILVANIRE.

** La | Silvanire | ov la | Morte-Vive | du Sʳ Mairet | Tragicomedie | paſtorale | Dediee a Madame la Ducheſſe | de Montmorency. | Auec les figures de | Michel Laſne | A Paris. | Ches François Targa au premier pillier de la grand' Salle du Palais. | Au Soleil Dor. | Auec Priuilege dv Roy 1631. | 28 Bll. Titel; Widmung A tres-havte et tres-pviſſante Dame, Madame Marie Felice des Vrſins, Ducheſſe de Montmorency & d'Ampuille, Baronne de

Chasteaubriand, &c.; Argvment; Preface, en forme de Discovrs poetiqve. A Monsieur le Comte de Carmail; verschiedene Gedichte an Mairet; Extraict du Priuilege du Roy (Acheué d'imprimer le 31. Mars 1631); L'Amovr honneste. Prologue; Druckfehlerverzeichnis. Les Personnages. 186 p. S. 4°. Die Zeile *Auec Priuilege du Roy 1631* ist in meinem Exemplar vom Buchbinder weggeschnitten, im Berliner Ex. noch sichtbar. Das Titelblatt ist von Michel Lasne gestochen; oben befindet sich das bekannte Brustbild Mairets mit Namensumschrift *I. Mairet de Besançon*. Zu jedem Akt ein ganzseitiger Stich (also 5) von M. Lasne, die Hauptvorgänge des Aktes in geschickt arrangiertem Nebeneinander darstellend. Prachtausgabe. Auch Dresden; Paris, Nat.-Bibl. und Arsenal; Lyon, Grande Bibliothèque de la Ville; Brit. Mus.; Besançon, Stadtbibl. Dieses letztere Ex. enthält zuerst das Titelblatt der Autres Œuvres lyriques, während diese selbst nach der mir aus Besançon mitgeteilten Beschreibung fehlen. Dann die 28 unp. Bll., hierauf das Titelblatt zur Silvanire und diese selbst.

Angebunden: Avtres | Œvvres | lyriqves | dv Sievr | Mairet. [Vignette] A Paris, | Chez François Targa, au premier pilier | de la grand' Salle du Palais, deuant | les Consultations. | M.DC.XXXI. | Avec Privilege dv Roy. | 2 Bll. Titel. Auf der Rückseite desselben ein Bild des Herzogs von Montmorency von Michel Lasne; Widmung A Monseignevr le Dvc de Montmorency & d'Ampuille, Pair & Marefchal de France, & Lieutenant General pour le Roy en Languedoc; Advertissement. 96 p. S. Der Schluss fehlt. Der Band enthielt noch den Cosroes von Rotrou, welcher mit herausgerissen ist. Dem Berliner Exemplar fehlen die Autres œuvres lyriques ganz.

Delandine, bibliographie dramatique, ou tablettes alphabéthiques du théatre des diverses nations, Paris & Lyon o. J. S. 516 bezeichnet als Zeit der ersten Aufführung der Silvanire das Jahr 1725. Das ist eben so ein Druckfehler statt 1625 wie die Angabe, das Stück enthalte statt fünf vier Akte.

IV. DUC D'OSSONNE.

1) ** Les | Galanteries | dv Dvc | d'Offonne | Vice-Roy de Naples. | Comedie de Mairet. [Vignette: ein Schild mit dem Wappen der Stadt Paris, umgeben von zwei Lorbeerzweigen. Dieselben sind unten durch ein Band zusammengehalten, in dessen beiden Schleifen sich die Initialen P. R. befinden.] A Paris, | Chez Pierre Rocolet, Imp. & Libraire | ordinaire du Roy, au Palais, en la gallerie des | Prifonniers, aux Armes de la Ville. | M.DC.XXXVI. | Auec Priuilege du Roy. | 5 Bll. Titel; Widmung A Tres-docte et tres-ingenievx Anthoine Brvn, Procvrevr general au Parlement de Dole. Epiftre dedicatoire, Comique & Familiere, datiert 4. Januar 1636; Extraict dv Privilege (Acheué d'imprimer le 7. Ianuier 1636); Les Actevrs. 128 p. S. 4°. *Berlin; Paris, Nat.-Bibl. und Arsenal; Besançon, Stadtbibliothek; Brit. Mus.

2) ** Les | Galanteries | dv | Dvc d'Offonne, | Vice Roy de Naples. | Comedie de Mairet. [Vignette] A Lyon, Chez Clavde la Riviere, | ruë Merciere, à la Science. M.DC.XLIX. | 7 Bll. Titel; Widmung wie No. 1; Les Actevrs. Kein Privileg. 128 p. S.

Die Übereinstimmung der beiden Ausgaben, abgesehen von dem Privilege, welches der Lyoner Nachdruck nicht hat (die Seite, wo er in No. 1 steht, ist hier leer gelassen), geht in dem Stück selbst so weit, dafs sich Seite für Seite genau entsprechen; in dem Lyoner Exemplar ist dieselbe Gattung von Kursivtypen gewählt wie in der Ausgabe von 1636, nur dafs sie in ersterem, entsprechend dem etwas kleineren Format desselben, auch etwas kleiner sind. Die Widmung entspricht nicht Seite für Seite, weil eben das Format kleiner ist. Auch Paris, Nat.-Bibl.

3) Eine Ausgabe des Duc d'Ossonne, Paris, Rocolet 1696, in-12, verzeichnet der Cat. Pompadour No. 860. Wo ist das Ex. jetzt?

4) Eine neue Ausgabe des Duc d'Ossonne bei Fournier, le Théâtre Français au XVIe et au XVIIe siècle, o. J., II,

217—279. Mit nur wenig modernisierter Orthographie und mit modernisierter Interpunktion.

Einen Abdruck des Duc d'Ossonne, der nicht erschienen ist, verspricht der Herausgeber des Théatre François, ov Recueil des meilleures Pieces de Théatre, Paris, Pierre Ribou, Tome IV, M.DCC.XXXV, Avertissement S. 12 für das von ihm beabsichtigte Supplement zu den ersten 3 Bänden des Theatre François, ou recueil des meilleures Pieces de Theatre des anciens Auteurs, Paris, Pierre Ribou, M.DCCV, welche sein Vater herausgegeben hatte. Diese 2 Supplementbände sind nicht erschienen. Dagegen erschien 1737 die a. a. O. S. 7 angekündigte zweite Auflage der drei ersten Bände des Theatre François von 1705 bei P. Gandouin in Paris, welche die meisten Stücke des Theatre François von 1705 enthält, allerdings in ganz anderer Verteilung über die 3 Bände; aufserdem fehlen 5 Stücke, wofür 3 andere eingesetzt sind: Laure persecutée. Tragi-Comedie. par Mr. De Rotrou (im I. Bd. von 1737); Esther, Tragedie. par Mr. Du Ryer (im III. Bd. von 1737); La Mariane, Tragedie. par Mr Tristan (im II. Bd. von 1737), davon die ersten 2 aus der Zahl derer, die für das Supplement angekündigt waren. Die 5 fehlenden Stücke sind im 6. und 7. Bande des Gandouinschen Théatre François abgedruckt. Ein weiteres der für das Supplement angekündigten Stücke, Scudérys Tragicomédie L'Amour tyrannique, ist ebenfalls im 7. Bd. des Théatre François, Paris, Gandouin, M.DCC.XXXVII, S. 501—624, erschienen.

V. LA VIRGINIE.

** La | Virginie, | Trage-Comedie | de Mairet. | Dediee | a la Reyne. [Dieselbe Vignette wie Duc d'Ossonne.] A Paris, | Chez Pierre Rocolet, au Palais en la | gallerie des Prifonniers, aux Armes de la Ville. | M.DC.XXXV. Avec Privilege dv Roy. | 4 Bll. Titel; Widmung A la Reyne, undatiert; Au Lectevr; Extraict dv Privilege (Acheué d'imprimer le Mardy 22. May 1635); Les Actevrs.

128 p. S. 4⁰. *Berlin; Paris, Nat.-Bibl. und Arsenal; Besançon, Stadtbibliothek; Brit. Mus. Auffallenderweise erwähnt die Bibliotheque des Théatres, Paris 1733, S. 315, als Jahr des Erscheinens der Virginie 1634, während das Buch sonst das Erscheinungsjahr des Stückes genau angiebt. Doch vgl. zu Soliman.

VI. LA SOPHONISBE.

1) **Die hier abgedruckte erste Ausgabe von 1635. Die Titelvignette ist dieselbe wie auf dem Titelblatt des Duc d'Ossonne und der Virginie. Weitere Exemplare *Berlin; Paris, Nat.- und Arsenalbibliothek; Besançon, Stadtbibliothek.
Folgende Druckfehler in meinem Abdruck bitte ich zu verbessern.
S. 11 Zeile 55 ist eine 5 im Druck abgesprungen. Lies also 55. S. 12 Z. 88 l. *armée* st. *armee*. S. 49 Z. 1115 muſs lauten: *Quel fujet auez-vous de vous inquieter?* Z. 1122 l. *nos* st. *uos*. S. 50 Z. 1130 l. *quitte* st. *qnitte*. S. 65 Z. 1560 l. *parfait* st. *parlait*. 1563 ist der Strich in *bien-faits* dem Setzer zu grofs geraten. S. 71 Z. 1723 l. *tranſporteroient* st. *trauſporteroient*.
S. 79 Anm. zu 1258 l. *eſpée* st. *eſpee*.
1609 *vien* und 1628 *leur* habe ich absichtlich stehen lassen, obwohl *leurs* sonst, z. B. 160 u. ö., flektiert vorkommt. Zu *vien* vgl. Vaugelas, remarques ed. Chassang I, 321. Nach Littré Wᵇ s. v. *leur* 2 Etym. schreiben Brantôme und Malherbe in ihren eigenhändigen Handschriften immer *leur amitiés, leur guerres*.
51 l. *quelle* st. *qu'elle* des Originals.

2) *La | Sophonisbe, | Tragedie [Vignette: ein Blumenkorb] A Paris, | Chez Gabriel Qvinet, au Palais, | dans la Galerie des Prifonniers | à l'Ange Gabriel | M.DC.LXIII. | 2 Bll. Titel; Au Lecteur; Les Perfonages; das Andere fehlt. 80 p. S. 12⁰. Äuſserlich und innerlich schlecht. Strafsburg. Vgl. Bibl. dram. de Pont de Vesle No. 771.

3) La | Sophonisbe, | Tragedie | A Paris, | Chez Guillaume de Luine, Libraire Iuré, au | Palais, sous la montée de la Cour | des Aydes. | M.DC.LXIII. | in 12⁰. Paris, Bibl. Mazarine No. 42102. 2 Bll. Titel; Au Lecteur; Les Acteurs. Kein Privileg. 80 p. S. Im gleichen Jahr und beim gleichen Verleger wie Corneille's Sophonisbe. Vgl. É. Picot, Bibliographie Cornélienne, Paris 1876, S. 96 ff. Scheint ganz zu meiner No. 2 zu stimmen. Dr. Gräfenberg hat die ersten 153 Verse kollationiert. Das Ergebnis seiner Kollation gebe ich in den Lesarten. 2 und 3 sind also Nachdrucke, selbst ohne Angabe des Verfassers.

Ausgaben der Sophonisbe in Sammlungen.

4) **Theatre François, ou Recüeil des meilleures Pieces du Theatre des Anciens Auteurs. Tome II. A Paris, Chez Pierre Ribou, fur le Quay des Auguftins, à la defcente du Pont-Neuf, à l'Image Saint Loüis. M.DCCV. Avec Approbation & Privilege du Roy. 8⁰. Sophonisbe bildet dort das dritte Stück, mit besonderem Titel (La Sophonisbe, Tragedie. Par le Sieur Mayret.) und besonderer Paginierung, S. 1—71. Ich besitze die Sophonisbe als Separatausschnitt aus dieser Sammlung. Auch die Pariser Nationalbibliothek besitzt einen solchen, zusammengebunden mit 5 verschiedenen Drucken, darunter auch der Solyman (s. dort).

5) *Théatre François, ou Recueil des meilleures Pieces de Théatre. Tome II, Paris M.DCC.XXXVII. (Durchlaufend paginiert) S. 85—197. Titelblatt: La Sophonisbe, Tragedie, par Mʳ Mayret. Auch hieraus ein S.-A. in dem Sammelband Recueil de pièces de Théâtre, 16. Bd. der Berliner Königl. Bibliothek.

6) *Marmontel, Chefs-d'Œuvre dramatiques, ou recueil des meilleures pièces du Théatre François, Tragique, Comique et Lyrique; avec Des Discours préliminaires sur les trois genres, & des Remarques sur la Langue & le Goût. Paris M.DCC.LXXIII. 4⁰. Guter revidierter Text mit brauchbaren Anmerkungen.

7) Einen Abdruck der Sophonisbe, Tragedie de Mairet,

enthält zum Jahre 1630 der Recueil des meilleures pièces dramatiques faites en France depuis Rotrou jusqu'à nos jours, ou le Théâtre François. (Publié par Delisle de Salles) Lyon 1780—81. (8 Bde. 8⁰.) Bd. 2, S. 123—218. Es folgen die gleichnamigen Stücke Corneilles und Voltaires. Ich habe die Sammlung nicht einsehen können. Vgl. auch Cat. Soleinne 3. Bd. No. 3126.

8) **Petite Bibliotheque des Théatres. I. Paris M.DCC.LXXXIII. Diese Sammlung wird mit unsrer Tragödie eröffnet. Derselben voraus gehen 1 Bild Mairets, S. 1—9 Vie de Mairet, S. 10 14 Catalogue des pièces de Mairet. Dann folgt mit neuer Paginierung das Stück. Unpag. Titelblatt. Sophonisbe, | Tragédie | de Mairet, | dédiée | a Monseigneur | Messire Pierre Séguier, | Garde des Sceaux de France. [Vignette] A Paris, | Au Bureau de la Petite Bibliotheque des Théa-|tres, rue des Moulins, butte S. Roch, n° 11. | M.DCC.LXXXIII. | XVIII p. S. Widmung wie 1635; An Lecteur; Sujet de Sophonisbe; Iugements et anecdotes sur la Sophonisbe de Mairet; Catalogue des Tragédies qui ont paru sous le titre de Sophonisbe. Das Stück umfafst 82 p. S. 18⁰.

9) Eine Ausgabe der Sophonisbe verzeichnet ferner die Bibl. dram. de Pont de Vesle No. 786: Chefs-d'œuvre de Mairet (Sophonisbe) Duryer (Scévole), Rotrou (Venceslas) et Desmarets (les Visionnaires) [avec des notices sur ces quatre auteurs]. Paris, Déterville, an IX (1800), in-8⁰, portraits de Mairet et de Rotrou ajoutés, v. éc. fil.

Ich kenne diese Sammlung nicht. Sie fehlt auf der Pariser National- und auf der Arsenalbibliothek. Auch sonst hat sie Dr. Grünberg nicht erhalten können.

Eine Ausgabe der Sophonisbe in 12⁰, angeblich Paris? 1629?, verzeichnet der Katalog des Brit. Mus. Dies ist blofs ein Separatausschnitt aus einer der Theatersammlungen, wie ich mich selbst früher überzeugt habe. Welcher dieser Sammlungen das Stück entnommen ist, kann ich jetzt aus dem Gedächtnis nicht feststellen.

Mouby a. a. O. 1, 213, will eine Ausgabe der Sophonisbe von 1631 und eine von 1635 kennen; freilich spricht er auf derselben Seite weiter unten nur von der Ausgabe 1635.

Im Nachstehenden gebe ich eine Kollation der erreichbaren Ausgaben. *A* ist die Ausgabe von 1635, *B* 1663, *B*¹ 1663 Luine, *C* 1705, *D* 1737, *E* Marmontel, *F* Petite Bibliotheque des Théatres. Die Varianten hat Herr Dr. Chr. Fass ausgezogen.

12 as] a *C D*. 22 Ny] N'y *B B*¹. 28 avecque] avec *C D*. 31 Hay] hais *E F*. tu le veux] tu veux *B B*¹ *C D*. 38 Ny] N'y *B B*¹. 46 mit] mis *B B*¹. 47 Ha! Sire, pleust *u. s. w.*] Ha! Seigneur *u. s. w. C.* Seigneur, au nom des Dieux, pourrois-je être écoutée? *D*. 48 impudente] imprudente *D*. 51 qu'elle] quelle *C D E*, *F*. 56 feux] veux *B*, voeux *C D*. 57 Non, Sire] Seigneur *C D*. 59 imp(r)udence] impudence *B C D E F*. 70 souille] souilles *F*. 72 extravagance] d'extravagance *C D*. 74 dy] dis *C*, di *D E F*. 77 Quoy que] Quoique *D E F*. croyez] croyiez *F*. 84 qu'avecque] qu'avec *B B*¹ *C*, letzteres hat niemals avecque. 85 Sire] Seigneur *C D*. quelle] qu'elle *B*, quel *F*. 91 quasi] presque *E*. 96 affervie] affermie *B B*¹. 111 Croy] Crois *E F*. 116 prophetique] malheureux *B B*¹. 117 fehlt *B B*¹; fuccez mal-heureux] deftin rigoureux *C D*. 132 läßt *D* eine neue Scene beginnen. 136 horreur] erreur *E*. 142 encor] encore *C*. *C* hat nur encore. 147 mon] men *B B*¹. 153/54 Überschrift: Philon, General de Syphax] Syphax, Philon, Général de Syphax. Philon *C D*. — *D* beginnt hier Scene III. 154 Sire, l'on] Seigneur, on *C D*. 160 leurs esprits] leurs esprit *B*. 166 Sire, & depuis] Seigneur, depuis *C D*. 171 foyez] soyiez *F*. 172 quoy que] quoique *C*, quoique *D E F*. 176 Ha] Ah *E F*. *E* und *F* haben immer A h statt H a. 184 Sire, quelqu'vn entre] Seigneur, quelqu'vn d'entre *C D*. 194 en l'Univers] dans l'Univers *C D*. 196 les] me *C*. 209 voy] vois *E F*. 220 vn fi grand ennuy] un grand ennuy *B*. 221 Sire, il faut penfer] reffouvenez-vous *C D*. 222 les] de *C D*. 231—32 Philon] Philon à part *F*. 234 ny] et *E*. 235 encor] encore *C E*. 235—36 Scene IV *D*, Sophonisbe,

XXXI

Phenice *D E F*. 236 Ha] Ah *E F*. 240 point] pas *E F*. 254 fehlt *B C*, Dans le bord] Au replis *D*, Dans les bords *E*; nous l'auions] il l'avoit *D*. 257 Eſilque] Eunuque *C D E*. 263 luy va] me va *C D*. 270 donnaſt] donna *C D*. 285 toute] tout *C D*. 291 treuuoit] trouvoit *C D E F*, ebenso später immer. 294 Nourrice] Phenice *D E*. 306 la] le *B C*. 327—28 *beginnt D eine neue Scene mit der Überschrift:* Sophonisbe, Phenice, Corisbé. 333 la muraille] les murailles *E*. 344 plain] plein *C D E F*. 352 foumet] fouvent *C D*. 352—53 *beginnt D Scene II*. 366 d'vne] de la *E*. 374 au pied] aux pied *B*, aux pieds *C D E*. 375 Et qui] qui *D*, bouclier & rempart] boucliers et remparts *D*. 384 de] du *C D E*. 391 ſujets] soldats *E*. 392 mortel] cruel *E*. 395 au] du *B C D*. 416 *fehlt B*, ſans couleur, qui viennent] qui déjà reviennent *C D*. 418 Ce qu'il] Ce qui *B C*. 419—20 *beginnt D Scene III*. Soph. Cor. Phen. 424 ne ſçaurions] n'oſerions *E F*. 429 voyions] voyons *B C D*. 437 pû] plus *C*. 457 encor] encore *C E*. 468 imagine] ſ'imagine *B C D*. 472 Vrayment] Vrayement *B C*. 483—84 *Scene IV D*. Caliodore, Sophonisbe, Phenice, Corisbe *C D*. 484 le Roy!] le Roy! (Il parle bas) *E F*. 488 Si feray, ſi je puis] Si feray *B*, J'y feray mon pouvoir *C D*. 501 noſtre] voſtre *B C*. 525 ſoulant] faoulant *C*, de] du *B C D E*. 554—55 Sophonisbe] *fehlt B C*. 555 de] du *B C D*. 557—73 *noch zu Scene II in C*. 557—59 *noch zu Scene IV in D*. 560 *beginnt Scene V*. Sophonisbe, Corisbé, Phenice *D*. 563 voſtre] vous *C*. 564 Hé] Eh *E F*. 571 Il faut bien nous] Il nous faut bien *B C D*. 574 *beginnt Scene VI D*. *Scene III C*. 580 par] à *B C D E*, apreſtant] appelant *B C D E*. 608 ſur] pour *B*. 610 Je] Hélas, je *D*, rien du tout] rien *C D*. 612 de la] de ma *E*. 616—17 *Überschrift:* Massinisse, Philip *B*., Mass. Philipes et des soldats Romains *C*, Mass. Philippe, Soldats Romains *D*. 623 doy] dois *B C D E F*. 627 reſtably] eſtably *B C D*. 636 plus outre] encor *D*. 642 eſtranges] eſtrangeres *B*. 651 les] ces *B C D*. 656 Allez ... l'emportez] aller ... l'emporter *B C D*. 660 coups] coup *B C D*. 663 Or] Et *C D*.

XXXII

669 beautez] beauté *E F.* 672 brillans] brillant *E F.*
677 ce[s] peu] ce peu *A*, ces peu *B C D E F.* 678 tout]
tous *B.* 682 infaillible] infenfible *B C*, fenfible *D.* 685 que
ie] qu'on me *E F.* 693 Donnez-vous *u. s. w.*] Ayez plus
de courage et moins d'impatience *C D.* 697 la Reyne]
Madame *B C D.* 705 Et n'ayant plus] Ainsi n'ayant
B C D. 706 toucheroient 2 mal] toucheront *E.* 716 veut]
veux *C D.* 719 Pour moy je ne voy] Et je ne doute *D.*
722 Sur toutes les] Des plus belles *C*, Des plus grandes *D.*
730 beaux] grands *C D.* 742 grand bruit] bruit *D.*
753—54 Vœv de Sophonifbe à l'amour] Sophonisbe *C D.*
757 tes] tels *C D.* 758 fay] fais *D E F.* 759—60 *Überschrift:* Mass. Soph. Phen. Corisbé. Soldats. Massinisse
parlant à fes foldats *D.* 761 point] pas *C D*, fuivant]
fuivant. Les foldats fortent *C D.* 763—64 Harangue de
Mafsiniffe] A Sophonifbe *C D.* 768 Mais] Tous *C D.*
769 perds] perd *E.* 775 le] me *E.* 776 diminûroit]
diminueroit *B C D F.* 781 agravent] accablent *C D.*
785—86 Refponse de Soph. | Sophonifbe *C D.* 799 les]
des *C D.* 801 le Sceptre] les Sceptres *C D.* 808 heur]
heure *B.* 814 voy] vois *E F.* 825—26 Phenice] Phenice
à Corisbé *D*, Phenice bas *E F.* 831 point] pas *E F.*
840 et] ni *E.* 844—45 Phenice] Phenice à part *D E F.*
845 connoy] connois *C D E F.* 853 N'aguere] n'agueres
C D, n'a guere *E.* 859 facre fainte] sacré-sainte *C D E F.*
861 les Sceptres] le Sceptre *E F.* 864 par] en *C D.*
898 en] dans *C*, dans] à *C.* 901 m'eft] eft *C D.*
903—4 Corisbé] Corisbé à part *D E F.* 916 *fehlt B C D.*
917 Rendez-moy *u. s. w.*] Rendez, rendez le calme à mon
ame agitée *C D.* 928 entendre] comprendre *C.* 943 creance]
croyance *B C D.* 948 beautez] beauté *E F.* 951 lict]
rang *C D.* 960 *fehlt C D.* 961 que je prenne à mon
aife] qu'un moment je vous quitte | Que d'un foin neceffaire à l'inftant je m'acquitte. | Donnez-moi le loifir
d'aller voir mes foldats | *C D.* 962—66 *fehlen C D.*
964 tranfports] tranfport *E.* 965 quel rauiffement] quels
ravissements *E F.* 969 de] à *C D*; à] de *C D.* 969—70
Il s'en va] *fehlt D, welches hier eine neue Scene beginnt:*

XXXIII

Sophonisbe. Phenice. Corisbé. 973 que ie] si je *E F*.
981 Vos] Nos *B C D*. 990 avecque] avec *B*. 993 vos]
nos *C D*. 1014 m'ayt] m'eſt *C D*. 1019 pour] par *C D*.
1027 baiſer] plaiſir *C D*. 1130 ſa] la *C D*. 1043 ferueur]
fureur *E*. 1048 teſmoin] témoins *C D*. 1051 A propos]
Mais Madame *C D*. 1055 vay] vais *C D F*. 1065 auecque]
avec *C D*. 1067 ce] mon *C D*. 1068 ſouvient] ſouviens
C D. 1073 au bord] aux bords *C D*. 1083 auecque]
avec *C D*. 1084 De là] Dès lors *C D*. 1086 fleche de
feu] ſecrette ardeur *C D*; l'ame outrepercée] mon ame
preſſée *C D*. 1089 me] vous *B*. 1096 a] à *B C D*.
1098 Cieux] Dieux *B C D*. 1101 nous] vous *B C D*.
1103 *beginnt D Scene II:* Massinisse. Ariton. Sophonisbe.
Ha] Ah *E F*; Ariſton] Ariton *C D*. 1111 *beginnt D
Scene III:* Sophonisbe. Massinisse. 1112 m'eſt] n'est *D*,
est *F*. 1123 voy.... ſçay] vois.... sais *F*. 1131 vif]
vifue *B*. 1147 ie vous] je *B C D*. 1156 connoy] connois
C D E F. 1161—62 *Scene IV:* Scipion. Lelie. *D*. 1163
deuez] deviez *E*. 1164 vous] lui *F*. 1181 estendre
B C D E F] eſteindre *A*. 1190 nous-meſme] vous-même
C D. 1191—92 Scene V *D*. 1192 Et] Eh *E F*. 1195 vne
Hymenée] un Hymenée *E F*. 1217 miſtere] ministere *B*.
1224 voy] vois *F*. 1227 qu'il] qui *C D*. 1246 avec]
de *B C D*. 1249 n'avez pas] ne l'avez *E*. 1263 d'une]
une *C*. 1270 cet Hymenéc] cette H. *C D*. 1271 &] Eh *D*.
1276 congé] conseil *E F*; l'avez] l'aviez *B C D*. 1282 ô
grands] grands *B*. 1297 ravir pas] pas ravir *C D*. 1300
honneur] honneurs *C D*; biens] bien *E*. 1302 ſçay] sais *F*.
1306 encor] encore *B C*. 1310 plains] plaint *F*. 1313
plains] plaint *D F*. 1329 ſouuient] souviens *C D*. 1332
Telles] Telle *D*. 1340—41 Scene VI. Scipion. Lelie.
Massinisse *D*. 1341 Et] Eh *E F*. 1343 Adieu] Cependant *D*. 1346—47 Il rentre] *fehlt D*. Scipion sort *E F*.
Scene VII. Lelie. Massinisse *D*. 1351 voy] vois *E F*.
1354—55 Maſsiniſſe] Massinisse à part *D*. 1378 oſté]
ôtez *D F*. 1393 doy] dois *E*. 1394 ſçay] sais *E F*.
1396 Non, non] Non, mon *C D*. 1403—04 *Scene VII
(VIII)*. Lelie seul *D*. 1405 Pauvre] (A part) Pauvre *E F*.

XXXIV

1409 tous] tout *E*. 1415 le deſtin] les destins *E*. 1434 ferois] ferai *C D*. 1446 vn peuple] le pouuoir *B C D*. 1457 Et] Eh *D E F*. 1470 – 71 Lelie] Lelie à part *D F*. 1472 En] Et *B C D*. 1478 ſes] ces *B*. 1483 importe] n'importe *C D*. 1496 – 97 Lelie] Lelie à part *D F*. 1499 Sire] (haut) Sire *D* (A Massiuisse) Sire *F*. 1506 plaint] plains *C D*. 1529 plaignez] plaigniez *C D*. 1580 – 81 Meſsager] Lelie, Massinisse, Messager *C*, Lelie, Massinisse, Caliodore *D*. 1582 ſçauez] sçaurez *B C D E F*. 1582 – 83 Lettre de Soph.] Massinisse lit *D*. 1584 ſait] faits *E*. 1589 vay] vais *D E F*. 1600 Tu te vois etc.] (Au Messager) Tu le vois etc. *E F*. 1603 – 04 Lelie à part *D F*. 1609 vien] vient *B C D*, viens *E F*. 1638 dy] dit *C D*, dis *E F*. 1652 – 53 Meſsager (Caliodore *D*), Sophonisbe, Phenice, Corisbé *C D*. 1666 auoûriez] avoueriez *C D*. 1685 de] d'un *D*. 1701 He] *E und F haben immer* Eh. 1709 tous] tout *E*. 1748 cette] cet *C D E F*. 1757 ſi] ce *B C D E F*. 1760 – 61 Maſsiniſſe] Massinisse à part *D*. 1761 – 62 Scipion, Massinisse, Caliodore *C*; Scipion, Lelie, Massinisse, Caliodore *D*. 1766 Et] Eh *E F*. 1771 – 72 Scipion à part *D*. 1780 – 81 Scene VIII. Massinisse, Scipion, Lelie *D*; Ici le Meſſager rentre] *fehlt D*. 1788 eſt] n'est *B C D E F*. 1814 n'y] ne *E*. 1816 Hymen] l'Hymen *C D*. 1823 – 24 Scene IX. Massinisse seul *D*. Plainte de Maſsiniſſe etc.] *fehlt D*. 1836 Doncques] Donc *C*. 1837 Donc] Doncques *E*. 1863 race] rage *C D*.

VII. LE MARC-ANTOINE.

1) **Le | Marc-Antoine | ov la | Cleopatre. | Tragedie | de Mairet. [Vignette: Wappen Frankreichs.] A Paris, | Chez Antoine de Sommaville, au Palais, | dans la petite Salle, à l'Eſcu de France. M.DC.XXXVII. | Avec Priuilege dv Roy. | 4 Bll. Titel; Widmung A tres-illvſtre et tres-genereux ſeigneur, Meſſire François d'Auerton, Comte de Belin, Baron de Milly, d'Autrey, d'Orte, &c. Extraict du Priuilege du Roy (Acheué d'imprimer le 14. iour de Iuillet 1637). Actevrs. 92 p. S. 4⁰. *Berlin; Paris, Nat.-

Bibl. (2 Exx., in einem ist die Widmung verloren gegangen), und Arsenal; Rouen, Stadtbibl.; Besançon, Stadtbibl. In letzterem Ex. fehlen die 4 Bll. Titel u. s. w. Es beginnt mit der ersten Seite des Stücks und hat somit nur »Le Marc-Antoine, ou la Cleopatre. Tragedie.« als Titel. Brit. Mus. Nur ein Druckfehler für 1637 ist in der Bibliotheque du Théatre François, Dresde 1768, 2, 89, bei Mouhy, abrégé de l'histoire du Théatre François 2, Paris 1780, S. 213, und bei Delandine, Bibliographie dramatique (Paris und Lyon o. J.) S. 357 die Angabe des Jahres 1627 für Marc-Antoine. Ebenso wird von Delandine S. 521 die Sophonisbe ins Jahr 1529 gesetzt.

2) ** Le Marc-Antoine | ov la | Cleopatre | Tragedie | De Mairet. [Vignette] Sur l'Imprimé. | A Paris, | Chez Antoine de Sommavile, au | Palais dans la petite Salle, à l'Efcu | de France. | M.DC.XXXIX. | 4 Bll. Widmung wie No. 1; Actevrs; kein Privileg. 96 p. S. 8⁰. Paris, Nat.-Bibl. und Mazarine. Vgl. Bibl. dram. de Pont de Vesle No. 765. Cat. Techener II (1858) No. 10 340. Genauer Abdruck von No. 1.

3) Eine Ausgabe *Sur l'Imprimé. A Paris, Chez Antoine de Sommaville, 1648, 12⁰* wies mir Picot auf der Stadtbibliothek in Rouen nach. Vgl. Cat. Leber (Catalogue des livres imprimés u. s. w., Paris 1839,52) 1, S. 299 No. 1907; Cat. Soleinne, 1, No. 1056. Die Herren Stadtbibliothekar E. Noel in Rouen und Dr. Gräfenberg in Paris beschreiben mir die beiden Exemplare wie folgt. Le | Marc-Antoine, | Ov | La Cleopatre | Tragedie. | De Mairet. [Vignette] Sur l'Imprimé. | A Paris, | Chez Antoine De Sommaville, au Palais, | dans la petite Salle, à l'Efcu | de France. | M.DC.ILVIII. | 4 Bll. Titel; Widmung genau wie No. 1, nur mit einigen orthographischen Varianten, und die 3 Verse *Licto nido* u. s. w. fehlen; Acteurs. Kein Privileg. 82 p. S. 12⁰. Dieselbe Ausgabe hat auch die Pariser Nationalbibliothek Y non porté; Réserve. Sehr schöner Druck.

Was bedeutet nun die deutliche I vor L? Ist das ein Druckfehler statt X oder ist die Ziffer überhaupt überflüssig? Dann hätten wir also eine Ausgabe von 1658.

Nach dem Catalogue Cigongne (Catalogue des livres manuscrits et imprimés composant la bibliothèque de M. Armand Cigongne, Membre de la Société des bibliophiles précédé d'une notice bibliographique par M. Leroux de Lincy, Secrétaire de la Société des bibliophiles, Paris, Chez L. Potier, Libraire, 1861) S. 278 No. 1545 befindet sich in der Bibliothek des Herzogs von Aumale eine Ausgabe: Le Marc-Antoine, ou la Cléopatre, tragédie de Mairet. Sur l'imprimé à Paris, chez Antoine de Sommaville, 1636, in-12, mar. r., tr. dor. (Trautz-Bauzonnet.). Das wäre also ein Nachdruck einer bei Sommaville erschienenen Ausgabe. Nun ist aber eine solche Ausgabe von 1636 überhaupt nicht bekannt (auf der Pariser Nationalbibliothek ist sie nicht zu finden), und wir haben es hier wohl mit einem Druckfehler zu thun (MDCXXXVI statt MDCXXXVII). Vielleicht ist auch einfach der Cat. Cigongne dahin zu berichtigen, dafs statt 1636 1639 zu lesen ist. (Mitteilung von É. Picot.)

VIII. LE GRAND ET DERNIER SOLYMAN.

1) * Le grand et dernier | Solyman | ov la Mort | de | Mvstapha. | Tragedie. | Par Monsievr Mairet. | Representé [so!] par la troupe Royalle. [Vignette: in Umrahmung eine Palme, daran ein Band mit der Devise *Cervata resvrgo.* Darüber *A. C.*] A Paris, | Chez Avgvstin Covrbé, Libraire & Im- | primeur ordinaire de Monfieur Frere du Roy, | au Palais en la petite falle a la Palme. | M.DC.XXXIX | Avec privilege dv Roy. | 8 Bll. Titel; Widmung A treshavte tres vertuevse, et tres inconsolable Princeffe Marie Felice des Vrsins, Duchcffe de Montmorency; Aduertiffement au Lecteur; Extraict dv Privilege dv Roy (Acheué d'imprimer pour la premiere fois le 1. Iuin 1639); les Actevrs. 141 p. S. 4⁰. Berlin; Wolfenbüttel; Paris, Nat.-Bibl.; Besançon, Stadtbibliothek; Brit. Mus.

Von Ausgaben des Solyman in Sammlungen kenne

ich die beiden Drucke 2) im *Theatre François III (Paris 1705, 8⁰.) S. 87—186 (welcher sich als Separatausschnitt mit vier andern Stücken in einen Band vereinigt in der Pariser Nationalbibliothek unter Y 5548 c 9 findet), mit modernisierter Orthographie und Interpunktion, und 3) im *Théatre François II (Paris 1737, 8⁰.) S. 199—337 hinter der Sophonisbe, von No. 2 nur wenig verschieden.

4) Die Ausgabe »Le grand Soliman ou la Mort de Mustapha, Tragedie de Mairet«, welche Delisle de Salles, Recueil des meilleures pièces dramatiques, Lyon 1780/81, Bd. 3 S. 463—590 zum Jahre 1636 bringt, habe ich nicht einsehen können.

Unbekannt ist mir die von Bizos S. 393 aufgeführte Ausgabe des Soliman von 1635 in-4⁰ bei Augustin Courbé in Paris. Sie findet sich sonst nirgends als bei Bizos, dessen Angabe wohl auf einem Irrtum beruht. Die Bibliotheque des Théatres (Paris 1733) S. 287 giebt ebenso falsch als Erscheinungsjahr des Soliman 1636 an.

IX. LE ROLAND FURIEUX.

**Le | Roland | Fvrievx, | Tragicomedie | de Mairet. [Vignette: eine Variante der von Solyman] A Paris, | Chez Avgvſtin Covrbé, Imprimeur | & Libraire de Monſeigneur Frere du Roy, dans | la petite Salle du Palais, à la Palme. | M.DC.XXXX. | Auec Priuilege de ſa Majeſté. | 6 Bll. Titel; Widmung A Monſieur, Monſieur de Belin; Advertiſſement; Priuilege du Roy (Acheué d'imprimer le 20. iour de Feburier 1640); Les Actevrs. 108 p. S. 4⁰. 2 Exx. in *Berlin, jedes mit einer der beiden Vignetten: Solyman und Variante. *Wolfenbüttel und *München haben dieselbe Vignette wie mein Exemplar. Paris, Nat.- und Arsenal-Bibl.; Besançon, Stadtbibl.; Brit. Mus.

X. ATHENAIS.

1) **L'Athenais, Tragi-Comedie | de Mairet. [Vignette: der Neid liegt zu Boden, darüber ein Band mit

der Aufschrift: *Pax et Prudentia vincunt.*] A Paris, | Chez Ionas de Breqvigny, au Palais, en la falle Dauphine, à l'Enuie. | M.DC.XXXXII. | Auec Privilege du Roy. 4 Bll. Titel; Widmung A Monfeignevr Monfeignevr l'Illuftriffime & Reuerendiffime Euefque du Mans, Emeric Marc de La Ferté; Epigramme à Mr de Mairet, fur fon Athenais. Le Tombeau d'Athenais, au mefme; Perfonnages. 114 p. S. 1 unp. S. Extrait du Priuilege du Roy. (Acheué d'imprimer pour la premiere fois le 2. May 1642). 4°. *Berlin; Paris, Nat.- (Y 5660 A, Titelblatt fehlt) und Arsenal-Bibl.; Besançon, Stadtbibl.

2) *L'Athenais, | Tragi-Comedie. | De Mairet. [Vignette] Sur l'Imprimé. | A Paris, | Chez Ionas de Breqvigny, au Palais, en la falle Dauphine, | à l'Enuie. | M.DC.XLV. | 88 p. S. 12°. Bl. 1 Titel; S. 3—8 Widmung wie No. 1; S. 9 Epigrame à Mr de Mairet, fur fon Atheuais und Le Tombeau d'Athenais, au mefme, wie No. 1; S. 10 Les Perfonnages. Kein Privileg. Das Stück beginnt S. 11. Strafsburg. Paris, Nat.-Bibl. Y 5660 B. Geringe Abweichungen von No. 1. Vgl. auch Cat. Pompadour, 1765, No. 860, der Braquigny druckt.

3) L'Athenais | Ou | La Fille Sage | Docte Et Vertueuse | Tragi-Comedie. | Spirituelle et Morale. | A Caen, | Chez J. Jacques Godes, pro- | che le College des R. R. P. P. Jesuites. | cIɔ cI c. c. | in - 12°. Einschliefsl. Titel 68 p. S. Die Dedikation wie die 2 Epigramme an Mairet über die Athenais und das Privileg fehlen. Paris, Ars.-Bibl. B. L. 10 800. So Bibl. dram. de Pont de Vesle No. 772. In der That eine Ausgabe von Mairets Athenaïs, wie Dr. Gräfenberg durch Vergleichung von Anfang und Ende festgestellt hat.

Eine Ausgabe »Mairet. L'Athenaïs, tragicomédie (dédiée à Mgr Emeric Marc de la Ferté, évesque du Mans). Sur l'imprimé. Paris, Jonas de Bréquigny, 1640; pet. in-12, cart.« verzeichnet der Cat. Techener 2, No. 10 341. Diese Ausgabe ist sonst nicht bekannt, auch auf der Pariser Nationalbibliothek nicht zu finden. É. Picot, dem ich die Mitteilung verdanke, vermutet einen Druckfehler statt 1645. Dazu würde das Format stimmen. Wo ist das Ex. des Cat. Techener jetzt?

XI. L'ILLUSTRE CORSAIRE.

1) *L'Illvstre | Corſaire, | Tragicomedie | de Mairet. [Vignette: wie mein Ex. des Roland furieux] A Paris, | Chez Avgvstin Covrbé, Imprimeur | & Libraire de Monſeigneur Frere dv Roy, dans | la petite Salle du Palais, à la Palme. | M.DC.XXXX. | Auec Priuilege de ſa Majeſté. 6 Bll. Titel; Widmung A Madame la Ducheſſe d'Eſguillon; Advertiſſement; A Madame la Ducheſſe D'Eſguillon. Sonnet; Priuilege du Roy. (Acheué d'imprimer le 20. iour de Feburier 1640.) Les Actevrs. 131 p. S. 4°. *Berlin; *München; Dresden; *Wolfenbüttel. Paris, Nat.-Bibl. Y non porté (Réserve); Ars. B. L. 9740 und 9742 A; Ste Geneviève; Brit. Mus. Vgl. auch Cat. Soleinne No. 1056.

2) **L'Illvstre | Corſaire, | Tragi-Comedie. | De Mairet. [Vignette] Sur l'Imprimé. | A Paris | Chez Avgvstin Covrbé, Imprimeur | & Libraire de Monſeigneur Frere du Rpy, [so!] dans la petite Salle du Palais, à la Palme. | M.DC.XXXXI. 104 p. S. 12. S. 1—10 wie No. 1; nur fehlt das Privilege; S. 11—104 das Stück. Genauer Abdruck von No. 1. Diese Ausgabe ist sonst, wie es scheint, ganz wenig bekannt. Sie wird nur verzeichnet Cat. Pompadour, 1765, No. 860. Bizos S. 393 erwähnt eine Ausgabe von 1642 bei Ionas de Bréquigny und Augustin Courbé in Paris, welche ich nicht kenne und die auch Dr. Grünberg in Paris nicht hat finden können. Wohl Druckfehler bei Bizos statt 1641.

Gewiſs eine der zahlreichen Ungenauigkeiten der alten Theaterlexika haben wir auch bei Mouhy, abrégé de l'histoire du Théatre François, 1, 250, worin es von dem Corsaire heiſst: Tragi-Comédie... représentée en 1637, imprimée dans la même année, in-4°. Im 2. Band dieses Werkes giebt Mouhy S. 214 1640 als Jahr des Erscheinens der Ausgabe an.

XII. LA SIDONIE.

** La | Sidonie, | Tragi-Comedie | Heroïqve | de Mairet. | Dediee | a Madame de Havtefort. [Vignette: Wappenschild von Frankreich und Navarra]. A Paris | Chez | Antoine de Sommaville, à l'Ecu de France, | dans la Salle des Merciers. | Et | Avgvstin Covrbé, Libr. & Impr. de Monf. le Duc | d'Orleans, à la Palme, en la mefme Salle. | au Palais. | Avec Privilege dv Roy. | s. a. Die Jahreszahl fehlt auf allen Exemplaren, 1643 ist in meinem Ex. handschriftlich ergänzt. 10 Bll. Titel; Widmung A Tresbelle, Tres-Vertueufe, & tres-Illuftre Perfonne, Mademoifelle Marie de Havtefort, Dame d'atovr de la Reyne Regente. 3 Sonette: 1) A Madame De Havtefort, Et A Mademoifelle D'Efcars Soevrs, Sur le fujet de leur retour aupres de la Reyne Regente. 2) A Madame De Havtefort fvr le mefme Sviet. 3) A La Mefme fvr Le Poeme D'Athenais, A elle enuoyé par L'Autheur; Au Lectevr; Les Perfonnages. 112 p. S. 1 Bl. Extrait du Privilege du Roy. (Acheué d'imprimer la premiere fois le 30. Septembre 1643.) 4°. So auch Cat. Soleinne No. 1056 und Bibl. dram. de Pont de Vesle No. 770, beidemal die Jahreszahl in ( ). Paris, Nat.- und Arsenal-Bibl.; Besançon, Stadtbibl.; Brit. Mus.

Einige weitere Gedichte und 2 Briefe druckt Bizos S. 394 ff. ab. Mairets übrige Schriften verzeichnet derselbe S. 393 f. Einige Briefe Mairets teilt Tivier in seinem schon erwähnten Artikel, Négociations de Jean de Mairet, Revue historique 1884, Bd. 25, S. 43 ff., mit. Einen weiteren Brief Mairets, handschriftlich, verzeichnet der Cat. Soleinne, 3. Bd., Appendice, Paris 1843, S. 40, No. 179.

Mehrere Stücke hat man Mairet fälschlich zugeschrieben. So heifst es in der Petite Bibliotheque des Théatres I, S. 14 des Catalogue des Pieces de Mairet: »On lui attribue encore les Pieces suivantes. La Mort d'Hercule, Tragédie manuscrite. Les Visionnaires, Comédie manuscrite. Le Courtisan solitaire, Comédie manuscrite. Piece qui n'est pas sans mérite. Cette dernicre piece se trouve citée dans le Dictionnaire des Grands Hommes, imprimé à Caën, article Mairet.«

Ich kenne nur eine verfasserlose Herkulestragödie: La Mort d'Hercule, Tragédie, dédiée à M. le Comte de Horn. Arras, Jean Lohen, 1683, in-8°. Bibl. du Théatre François, Dresde 1768, 3, 98. Man kann ohne weiteres von diesem Stück absehen.

Ferner schrieb man also Mairet zu: Desmarets' Visionnaires. Gedruckt mit der Sophonisbe zusammen im Theatre François (1705) II, besonders paginiert S. 1—101, 1 Seite Approbation und 1 Bl. Titel und Personenverzeichnis. Die Bezeichnung, dafs das Stück von Mairet sei, findet sich nur im Inhaltsverzeichnis des Bandes. Der Titel des Stücks hat blofs: »Les Visionnaires | Comedie.« Im Théatre François von 1735, Bd. IV, Avertissement, S. 11 wird das Stück richtig Desmarets zugeschrieben, und Bd. VII, wo es abgedruckt ist, trägt es auch auf dem Titel die Bezeichnung »Par Mr Desmarest.«

Die Cat. Soleinne 1, 246, No. 1129 aufgeführte Sammlung »Théatre françois des sieurs Scudery, Tristan, Desmarets et autres (Mairet, Beys et les Cinq auteurs). Paris, Augustin Courbé, 1648, p. in-12, v. f.« schreibt die Visionnaires ebenfalls Mairet zu, denn unter den acht aufgezählten Stücken ist keines, das man mit Mairets Namen je in Verbindung gebracht hat, aufser die Visionnaires. An ein anderes Stück gleichen Titels, von Mairet (vgl. Bibliotheque des Théatres, Paris 1733, S. 316), ist nicht zu denken. Es giebt auch kein zweites Stück dieses Titels. Der einzige ähnliche Titel ist: »Le sage Visionnaire, Tragi-Comédie, par J. B. D. G., donnée en 1647, imprimée dans la même année, in-4°: très-foible, ... réimprimée en 1659« (so Mouhy, abrégé de l'histoire du Théatre François, Paris 1780, 1, 493). Aber dieses Stück kann nicht in Betracht kommen. Vielleicht ist die Erklärung, weshalb man Mairet das Stück zuschrieb, in der Ähnlichkeit der Namen (Jean de Mairet — Jean Desmarets) und in folgender Bemerkung der Bibl. des

Théatres S. 316, daraus abgeschrieben von De Léris, dictionnaire portatif historique et littéraire des Théatres, Paris 1763, S. 452, zu suchen: »Quoiqu'il [Desmarets] y introduise un Auteur qui s'oppose à l'établissement de la gênante regle des vingt-quatre heures, elle y est cependant observée, & c'est la seconde piece où elle l'ait été.« Was nun »Le Courtisan solitaire, Comédie manuscrite« betrifft, so ist das ein Mifsverständnis des Verfassers des Catalogue des Pieces de Mairet. Im Nouveau dictionnaire historique ou histoire abregée de tous les hommes qui se sont fait un nom par le Génie, les Talens, les Vertus, les Erreurs, &c. depuis le commencement du Monde jusqu'à nos jours u. s. w. Par une Société de Gens-de-Lettres [4], Caen 1779, 4, 308, finden sich Mairets Werke wie folgt verzeichnet. I. Douze *Tragédies* .... II. Le *Courtifan folitaire*, piéce qui n'eft pas fans mérite. III. Des *Poëfies diverfes*, affez médiocres. IV. Quelques Ecrits contre *Corneille* u. s. w. Die Verfasser des Nouv. Dict. hist. meinten Mairets von jeher besonders gelobtes, von Bizos a. a. O. S. 384 als des Dichters bestes Werk nach der Sophonisbe bezeichnetes, längeres Gedicht *Le Solitaire au Courtifan* in den Autres œuvres poetiques (hinter der Silvie, No. 2, S. 27—33). welches sich bei Goujet, Bibl. Franç. 18, 196 ff. unter dem ungenauen Titel *le Solitaire Courtifan* besprochen und teilweise abgedruckt findet.

Der Katalog der Stuttgarter öffentlichen Bibliothek schreibt Mairet ferner zu das von unbekanntem Verfasser herrührende Stück La Mort de Solon, Tragédie. A Paris, Au Bureau de la Petite Bibliotheque des Théatres, rue des Moulins, butte S. Roch, n° 11. M.DCC.LXXXIV. (IV, 84 S.) in der Petite Bibl. des Théatres, Jahrgang 1784, erschienen. Weshalb der sehr zuverlässige Verfasser dieses Teils des Stuttgarter Katalogs s. Z. dieses Stück Mairet zuschrieb kann auch auf der Stuttgarter Bibliothek nicht mehr festgestellt werden. Die Herausgeber der Sammlung sagen in der dem Stück vorangestellten Note recht geheimnisvoll Folgendes: »Nous ignorons quel est l'Auteur de cette Tragédie, et dans quel

tems elle a été faite. On la peut croire du dix-septième
siècle; mais on ne voit rien, dans aucun des Auteurs qui
ont écrit sur l'Art Dramatique, qui ait le moindre rapport
à cette Tragédie, ni qui en indique seulement le titre.
Elle nous a été envoyée, manuscrite, par un Anonyme.«
Die Anecdotes dramatiques, Paris, 1775, 3, 318
schreiben: »On lui attribue encore la Sidonie, & les Visionnaires.« Die Sidonie wird sonst von niemand als unecht
erklärt.

Göttingen.

Karl Vollmöller.

NACHTRAG.

Nachdem diese Einleitung bereits vollständig gesetzt
war, erhielt ich auf eine frühere Anfrage vom Königlichen
Staatsarchiv Coblenz folgende sehr dankenswerte Auskunft:
»Ein Verzeichnis aller, in den hier beruhenden etwa
80000 Urkunden als Aussteller, Empfänger, Zeugen oder
Siegler genannten Familien nicht adeliger Herkunft ist
nicht vorhanden, hat und wird auch nicht angelegt werden
können, solange noch wichtigere Ordnungsarbeiten vor-
liegen. Zur Beantwortung Ihrer Frage mußten daher
die dabei mutmaßlich in Betracht zu ziehenden Urkunden-
bestände selbst auf das Vorkommen der gedachten Familie
untersucht werden, eine Arbeit, welche um so mehr Zeit-
aufwand erforderte, als diese Bestände Tausende von Urkunden umfassen.

Das Ergebnis dieser zeitraubenden Untersuchung ist
ein wider Erwarten geringes gewesen; es hat sich nur
eine Urkunde gefunden, in welcher eine Familie »Meyrait«
erscheint, nämlich eine Originalurkunde von 1438, No-
vember 11. Thys Meyrait von Ryfferscheit [Reifferscheid
im Kreise Adenau, Regierungsbezirk Coblenz,] bescheinigt

dem Peter van Aedenauwe [von Adenau] den Empfang des im Auftrage des Junkers Gerart van Loyn [von Loen], Herrn zu Guylich [Jülich] und Grafen zu Blankenheim, ihm gezahlten Manngelds im Betrage von 9 Gulden.«

Die deutsche Abstammung des Dichters ist damit auch noch nicht erwiesen.

LA SOPHONISBE,

TRAGEDIE

DE MAIRET.

DEDIEE

A MONSEIGNEVR

LE GARDE DES SEAVX.

[Titelvignette.]

A PARIS,

Chez PIERRE ROCOLET, au Palais en la gallerie des Prisonniers, aux Armes de la Ville.

M. DC. XXXV.
AVEC PRIVILEGE DV ROY.

A MONSEIGNEVR

MESSIRE

PIERRE SEGVIER,

GARDE DES SEAVX DE FRANCE.

Monseignevr.

Eſtant naturellement bien-faiſant, comme vous eſtes, & n'ayant iamais manqué de matiere pour le faire dignement pareſtre, puiſque les plus belles charges du Parlement, que vous auez foutenües auec tant de ſuffiſance & de probité, ſont les honorables degrez par où l'on vous a fait monter à la grandeur de celle que vous exercez maintenant; Il eſt impoſsible que vous n'ayez obſerué que les bien-faits ont cela de propre [1ᵇ] de rendre ceux qui les ont receus plus hardis ou plus importuns à s'en procurer de nouueaux, & qu'vne premiere faueur eſt ordinairement la femence d'vne feconde. Pour moy, MONSEIGNEVR, c'eſt en fuite de la permiſſion que vous m'auez donnée fous vôtre Sceau de mettre ma Sophoniſbe au iour, que i'oſe vous demander encore, & que vous m'accorderez s'il vous plaiſt, celle de vous la dedier; puis qu'il eſt vray que ie ne ſçaurois mieux la mettre en lumiere, qu'en luy communiquant quelque rayon de la voſtre, que tout le monde regarde, comme vne des plus pures & des plus eſclatantes de noſtre temps. Les teſmoignages que vous auez rendus deuant quelques-vns de mes amis, que cette piece vous auoit aſſez contenté fur le Theatre, me font eſperer qu'elle ne vous déplaira pas dans le cabinet : fi ce n'eſt point pecher contre le bien public, que de luy defrober vne heure de voſtre loiſir, pour ma ſatisfaction particuliere. Cependant, MONSEIGNEVR, quelque bon-heur, ou quelque applaudiſſement qu'ayt eu cette Tragedie, qui ſe peut vanter d'auoir tiré des fouſpirs des plus grands cœurs, & des larmes des plus beaux yeux de France; ie ne laiſſe pas de vous demander grace pour elle & pour moy; ne doutant pas qu'auec les clartés d'eſprit & de iugement que vous [II*] auez, vous n'y remarquiez des defauts qui n'ont pas eſté defcouuerts iuſques icy. C'eſt pourquoy ne treuuez pas mauuais que i'eſſaye en cecy de vous corrompre, afin de vous auoir pluſtoſt en qualité de fauorable Protecteur, que de Juge equitable. I'aurois trop à craindre pour moy, fi vous me vouliez faire iuſtice, & me iuger felon mes œuures qui n'ont rien de rare ou de bon, que de porter en teſte vn caractere que la mefdifance ny les années ne pourront iamais effacer; Ie veux dire ce tres-illuſtre nom de SEGVIER, que vous portez, & qui fut autre-fois de fi bonne odeur en la perfonne de ce grand Preſident voſtre oncle, de glorieuſe memoire, de qui l'amour pour les bonnes lettres, l'integrité de vie pour ſoy-meſme, & la iuſtice pour tout le monde, reuiuent en vous, comme en ſon digne & veritable ſucceſſeur. Ie ſuis,

MONSEIGNEVR

Voſtre tres-humble, & tres-obeyſſant ſeruiteur, MAIRET.

AV LECTEVR.

[II[b]]

LE fujet de cefte Tragedie eft dans Tite-Liue, Polybe, & plus au long dans Apian Alexandrin. Il eft vray que i'y ay voulu adioufter pour l'embelliffement de la piece, & que i'ay mefme changé deux incidents de l'Hi-
5 ftoire affez confiderables, qui font la mort de Siphax, que i'ay fait mourir à la bataille, afin que le peuple ne treuuât point eftrange que Sophonifbe eût deux maris viuants : & celle de Maffiniffe, qui vefcut iufques à l'extréme vieilleffe. Les moins habiles doiuent croire que ie
10 n'ay pas alteré l'hiftoire fans fujet, & les plus delicats verront, s'il leur plaift en prendre la peine, la deffence de mon procedé dans Ariftote. *Sanè conftat ex his non Poëtæ effe ipfa facta propria narrare, fed quẽadmodũ geri quiuerint, vel verifsimile, vel omnino neceffarium
15 fuerit, &c.* Et pour les modernes, qu'ils ayent la curiofité de me voir iuftifier dans les deux difcours que le Comte Profper Bonarelli adreffe à vn de fes amis nommé Antoine Brun, pour fon Solyman, que i'efpere habiller vn de ces iours à la Françoife : c'eft en la derniere im-
20 preffion de l'année M. DC. XXXII. Tant y a que ie fais faire à Maffiniffe ce qu'il deuoit auoir fait, & que la fin de la Tragedie eftant la commiferation, ie ne la pouuois pas mieux treuuer qu'en le faifant mourir. Si ie mets iamais ma Cleopatre au iour, ie m'eftẽdray da-
25 uantage fur cette matiere : cependant l'experience a montré fur le Theatre, que ie n'ay point mal fait de m'efloigner vn peu de l'hiftoire.

[IIIª] EXTRAICT DV PRIVILEGE.

LE Roy par ſes Lettres de Priuilege, dattées du cinquieſme Feurier, mil ſix cents trente-cinq, ſignées par le Roy en ſon Conſeil, Le Comte, & ſeellées du grand ſeau de cire jaune, a permis au Sieur Mairet de faire imprimer, faire vendre & diſtribuer par tel Libraire ou autre que bon luy ſemblera, trois Liures de Theatre, intitulez, *La Sophonisbe, La Virginie: &, Le Duc d'Oſſonne.* Faiſant defences à tous Libraires, Imprimeurs, & autres de quelque qualité qu'ils ſoient, d'imprimer leſdits Liures, en vendre ny diſtribuer par tout le Royaume, pays & terres de ſon obeyſſance, ſans le conſentement dudit ſieur Mairet, ou ceux qui auront charge de luy, pendant le temps de neuf ans, à compter du iour qu'ils feront acheuez d'imprimer, ſur peine aux contreuenans de confiſcation des exemplaires, & de trois cents liures d'amende; A condition qu'il ſera mis deux exemplaires de chacun deſdits Liures en la Bibliotheque du Roy: & vn exemplaire de chacun en celle du Sr. Seguier Garde des Seaux, auant que de les expoſer en vente, à peine de nullité du priuilege, comme il eſt amplement porté par l'original des preſentes.

ET ledit Mairet *a cedé & tranſporté le priuilege à luy donné à* Pierre Rocolet, *Marchand Libraire à Paris, pour en ioüyr entierement, & pour le temps y porté, ſuiuant le Contract paſſé entre-eux pardeuant les Notaires de Paris.*

Acheué d'imprimer le Mardy 22. May 1635.

Les deux exemplaires ont eſté baillez en la bibliotheque du Roy.

[III^b] LES PERSONNAGES QVI PARLENT.

SIPHAX	Roy de Numidie.
PHILON	General de Syphax.
MASSINISSE	Ennemy de Siphax.
SCIPION	Conful Romain.
LELIE	Lieutenant de Scipion.
CALIODORE	Domeftique de Sophonifbe.
ARISTON	Soldat Romain.
SOPHONISBE	Femme de Siphax, & amoureufe de Maffiniffe.
PHENICE, &	
CORISBÉ	Ses confidentes.

La Scene eft dans Cyrte, ville de Numidie.

LA SOPHONISBE
TRAGEDIE DE MAIRET.

ACTE I.

SCENE I.

SYPHAX. SOPHONISBE.

Syphax.

QVOY perfide ? s'entendre auec mes ennemis ;
Eſt-ce là cét amour que tu m'auois promis ?
Est-ce là cette foy que tu m'auois donnée,
Et le ſacré respect qu'on doit à l'Hymenée ?
Ingrate Sophoniſbe, as-tu ſi-tost perdu
La memoire du ſoin que Syphax t'a rendu ?
Quelque inégalité qui ſoit entre nos âges,
Parmy mille ſubjets de ſoupçons & d'ombrages,
Qu'vn mary plus credule eut pris à tout propos,
Ay-je rien entrepris qui troublaſt ton repos ?
As-tu pas touſiours eu, comme Reyne abſoluë,
Toute la liberté que toy-meſme as vouluë ?
Cependant ton caprice ennemy de mon bien,
Trahit ingratement mon honneur & le tien.

15 Tu ſçais que pour complaire à ceſte vieille hayne,
Que ta race eut touſiours pour la race Romaine,
I'ay quitté l'amitié de ce Peuple puiſſant,
Par où ie conſeruois mon Eſtat floriſſant.
Sans tes mauuais conſeils, à qui i'ay voulu plaire,
20 Et de qui ma ruïne eſt le iuſte ſalaire,
On ne me verroit pas destruit comme ie ſuis,
Ny l'esprit aueuglé d'vn nuage d'ennuis,
I'aurois deſſus le front ma couronne affermie,
Car i'aurois Rome encore & la Fortune amie.
25 Mais quoy? m'ayãt perdu de gloire & de bon-heur,
Il te reſtoit encore à me perdre d'honneur.
Il te reſtoit encor pour comble de malice,
A te lier d'amour auecque Maſsiniſſe.
[3] Ie veux que ie te peſe, & que mes cheueux gris
30 Soient à tes ieunes ans vn ſubiect de meſpris;
Hay moy ſi tu le veux, abhorre ma perſonne:
Mais que t'ont fait les miens, que t'a fait ma Courõne,
Pour faire vn ennemy l'obiect de tes deſirs?
Ne pouuois-tu treuer où prendre tes plaiſirs,
35 Qu'en cherchant l'amitié de ce Prince Numide,
Qui te rend tout enſemble impudique & perfide;
Veu que tu ne ſçaurois l'aymer ſans me hayr,
Ny t'entendre auec luy ſans me vouloir trahir?
Je n'ay pour mon malheur que trop de connoiſſance
40 Du ſujet dont ta flame a tiré ſa naiſſance:
Tu l'as touſiours aymé, depuis le iour fatal,
Qu'il te fut accordé par ton Pere Aſdrubal,
Et que de tes regards l'atteinte empoiſonnée
Me fit prendre pour moy ce funeſte Hymenée.
45 Heureux dans ce mal-heur, ſi le meſme flambeau,
Qui nous mit dans le lit, nous eut mis au tombeau.

Sophoniſbe.

Ha! Sire, pleust aux Dieux m'euſsiez vous eſcoutée.

Siphax.

Que me pourrois-tu dire impudente, effrontée?

[4] **Sophonisbe.**
Ce qui m'exempteroit de ces noms odieux;
Syphax.
Oüy, ſi i'eſtois perclus de l'esprit & des yeux;
Oüy, ſi je ne ſçauois qu'elle eſt ton eſcriture,
Connainc-moy toutes fois d'erreur & d'impoſture:
Je feray ſatisfait quand tu te purgeras;
Fais-le donc ſi tu peux, & tu m'obligeras.
Il luy monſtre ſa lettre.
Deſaduoüiras-tu point ces honteux caractères,
Complices & teſmoins de tes feux adulteres?

Sophonisbe.
Non, Sire, ils font de moy, ie ne le puis nier,
Et n'ay pas entrepris de me iuſtifier
Par vn traict effronté de viſible imp(r)udence:
Il eſt vray, i'ay failly, mais c'eſt par imprudence:
C'eſt manque de conduite, & pour vous auoir teu
Vn genereux deſſein que mon cœur auoit eu,
Dont ma bouche en effect vous deuoit rẽdre conte.

Syphax.
O Dieux! as-tu perdu le ſens auec la honte?
[5] Ta faute, ce dis-tu, vient de m'auoir caché
Le genereux deſſein de commettre vn peché;
O responſe indiſcrette autant comme inſenſée!
Explique, explique mieux ta confuſe penſée,
Excuſe ton offenſe au lieu de l'agrauer,
Et ne te ſoüille pas au lieu de te lauer.
Songe à ce que tu dis, & que iamais oreille
N'oüit extrauagance à la tienne pareille:
Remets donc ton eſprit de ſa cheute eſtourdy;

Sophonisbe.
Vous prenez mal le ſens des choſes que ie dy,
Ie veux dire, Seigneur, afin que ie m'explique,
Que iamais le flambeau d'vn amour impudique,
Quoy que vous en croyez, ne m'eſchauffa le ſein:
Et que i'auois eſcrit pour vn autre deſſein:

C'eſt par où ie pretends prouuer mon innocence,
80 Si vostre Majesté m'en donne la licence.

Syphax.

Parlez, parlez, Madame, & ſi vous le pouuez,
Mettez vôtre innocẽce au poinct que vous deuez.
C'est le plus grand plaiſir que vous me ſçauriez faire;
Mais qu'avecque raiſon i'ay crainte du contraire.

[6]   Sophoniſbe.

85 Sire, vous voyez trop à quelle extremité
Les armes des Romains vous ont precipité;
Voſtre Enpire perdu, voſtre Ville aſsiegée,
Et l'armee ennemie à nos portes logée,
De nos meilleurs ſoldats les courages faillis,
90 Nos dehors emportez, nos remparts aſſaillis,
Et qu'il n'eſt quaſi plus en la puiſſance humaine,
De repouſſer de nous l'inſolence Romaine.
Moy, qui Cartaginoiſe, & vray ſang d'Aſdrubal,
N'ay iamais reconnu ny creint vn pire mal,
95 Que celuy dont le ſort affligeroit ma vie,
Si ce peuple odieux la tenoit aſſeruie;
I'ay creu qu'il feroit bon de m'acquerir de loin
Vn bras qui conſeruaſt ma franchiſe au beſoin:
C'est pourquoy i'eſcriuois au Prince Maſsiniſſe,
100 Sous vne feinte amour couurant mon artifice;
Et pour vous mieux prouuer la choſe comme elle eſt,
(Que vostre Majesté regarde s'il luy plaiſt,
Que meſpriſant la fleur des Princes d'Italie,
Et le grand Scipion, & le sage Lelie,
105 I'ay voulu m'aſſeurer de l'aſsiſtance d'vn,
A qui le nom Lybique auec nous fut commun.
[7] Voilà, Sire, en deux mots la cauſe veritable
De l'erreur qui me rend apparemment coupable:
Mais les Dieux apres tout que ie prens à teſmoins
110 Sçauent bien, en effect, que ie ne ſuis rien moins.

Syphax.

Croy pluſtoſt que ces Dieux ennemis des parjures,
Vangeront en cecy nos communes injures:

Et qu'vn iour desjà proche ils puniront fur toy
Le mespris que ton cœur a faict d'eux & de moy.
Ie te tiens fi tu veux innocente & pudique :
Mais tu te fouuiendras qu'vn Efprit prophetique
T''annonce par ma voix, qu'vn fuccez mal-heureux
Doit fuiure de bien pres tes deffeins amoureux.
C'eft la feule raifon qui peut faire à cefte heure,
Que fans punition ton offenfe demeure,
Aymant mieux que le Ciel m'en fafle la raifon,
Que fi ie la tirois du fer ou du poifon.

Sophonifbe.

Quoy donc voftre foupçon rejette mes excufes ?
O Dieux !

Syphax.

                deguife mieux tes inutiles rufes,
De qui le faux efclat ne fçauroit m'efbloüir,
Adieu, ie ne veux plus ny te voir, ny t'oüir.
[8] Va t'en, va, que fur toy ma colere n'efclate,
Femme fans foy, fans cœur, & fur toutes ingrate,
Elle rentre.
Va refpandre plus loin tes infidelles pleurs,
Et me laiffe tout feul auecque mes douleurs.
Il demeure feul.
O Ciel pouuois-tu mieux me tefmoigner ta hayne,
Qu'en mettãt dãs mõ lict cefte impudique Heleine,
Ou plutoft cette pefte, & ce fatal tifon,
De qui defia la flame embraze ma maifon ?
Quel Roy fans cette horreur de la foy coniugale,
Auroit vne fortune à ma fortune efgale ?
Soit maudit à iamais le lieu, l'heure, & le iour,
Que fon afpect charmeur me donna de l'amour.
Quand i'aurois en vn iour trois batailles perduës,
Et cent places de marque aux ennemis renduës,
I'euffe encor moins perdu, qu'alors que fa beauté
Me fit perdre le fens auec la liberté.
Depuis que cette tache eut obfcurcy ma vie,
La mauuaife fortune a ma faute fuiuie.

Il n'eſt point de mal-heur qui ne m'ait accueilly,
Et bien plus que mon corps mon esprit a vieilly.
Depuis, mon iugement a bien moins de lumiere,
Et ſemble eſtre decheu de ſa force premiere.
[9] Tout ce que i'entreprens, me ſuccede à rebours,
Soit manque de bon-heur, ou manque de diſcours.
O trois & quatre fois mal-heureux Hymenée!
Qui rend de mes vieux ans la courſe infortunée.

ACTE I.

SCENE II.

Philon, General de Syphax.

SIRE, l'on n'attend plus que voſtre Majeſté,
Pour charger Maſsiniſſe au cōbat appreſté.
Deſia ſes Legions de trop d'heur inſolentes,
Ont tiré loin du camp leurs enſeignes volantes;
Et vos gens hors la ville en bataille rangez,
Jurent de n'y rentrer que vainqueurs & vangez.
Tandis que leurs esprits la vengeance reſpirent,
Il les faudroit mener au combat qu'ils deſirent,
De peur qu'à differer ils ne perdent ſans fruit
Ceſte boüillante ardeur que la victoire fuit.

[10] **Syphax.**

Allons, & plaiſe aux Dieux qu'vn treſpas honorable
Me deliure bien-toſt d'vn ſort ſi deplorable.

Philon.

Quoy, Sire, & depuis quand voſtre cœur abbatu,
Laiſſe-t'il au mal-heur accabler ſa vertu?
D'où vient qu'en vos diſcours, & ſur voſtre viſage,
On remarque les traicts d'vn ſiniſtre preſage?
Vous n'eſtes pas encor ſi mal-traicté du ſort,
Que vous ſoyez reduit à deſirer la mort:

Et quoy que iufqu'icy la Fortune contraire,
Nous ait faict tout du pis qu'elle nous pouuoit faire,
Si faut-il esperer que fa legereté
La fera reuenir à voftre Majefté. 175
Syphax.
Ha! Philon, fouuiens-toy que la Fortune eft fâme,
Et que de quelque ardeur que Syphax la reclame,
Elle eft pour Mafsiniffe, & qu'elle aymera mieux
Suiure vn ieune Empereur, qu'vn autre defia vieux :
Mais que ce n'est pas là le fubiect de ma creinte, 180
Ny de l'extreme deuïl dont mon ame eft atteinte !
[11] Ma vie eft bien foumife à de pires dangers,
Et tous mes ennemis ne font pas eftrangers.
Philon.
Comment, Sire, quelqu'vn entre vos domeftiques,
A-t'il fait contre vous d'infidelles pratiques? 185
Syphax.
Ouy, ie fuis odieux à ceux de ma maifon,
Qui me deuroient cherir auec plus de raifon.
Philon.
Il faut donc dans leur fang auecque promptitude,
Noyer leur perfidie, & leur ingratitude;
Le fecret de l'affaire eft de les preuenir,
Et voftre feureté confifte à les punir. 190
Mais qui font ces ingrats, ces courages perfides,
Qui peuuent conceuoir des penfers homicides,
Pour le plus digne Roy qui foit en l'Vniuers,
Et que ne les perd-on, puis qu'ils font defcouuerts? 195
Syphax.
Pource qu'en les perdant ie me perdrois moy-mefme,
Qui tous traiftres qu'ils font les excufe & les ayme.
[12] C'eft en quoy ma fortune eft digne de pitié,
D'auoir encor pour elle vn reste d'amitié,
Au lieu de la punir de mefpris & de hayne. 200
Philon.
Pour elle?

Syphax.

Oüy, cher Philon, ie parle de la Reyne,
Et veux bien confier à ton efprit difcret,
Vn malheur que ie tiens pour tout autre fecret.
205 I'ay des preuues en main qui te feront parétre,
Que fi ie fuis troublé, i'ay bien fubiect de l'eftre :
Et que la peur qu'imprime vn ennemy vainqueur,
N'eft pas ce qui m'abbat le visage & le cœur ;
Voy ce papier honteux, & par fon efcriture,
210 Aprens à mefme temps, & plains mon auanture.

Il lit.

LETTRE DE SOPHONISBE
A MASSINISSE.

VOyez à quel mal-heur mon Deftin eft foumis ;
Le bruit de vos vertus, & de voftre vaillance,
Me contraint aujourd'huy d'aymer mes ennemis,
D'vn fentiment plus fort que n'eft la bien-veillance.
215 [13] Et bien aurois-tu creu que fous tant de beauté,
Logeaft tant de malice et de defloyauté ?

Philon.

Certes les Dieux encor n'ont point fait de courage,
Qui foit inefbranlable aux coups de cét orage ;
Et c'eft auec raifon que le voftre auiourd'huy,
220 Pour vn fi grãd mal-heur mouftre vn fi grãd ennuy.
Mais, Sire, il faut penfer que c'eft aux grãdes ames,
A fouffrir les grãds maux, & que fêmes font fâmes :
Courons remedier d'vn courage conftant,
Au danger le plus proche, & le plus important.
225 Songez qu'en deftruifant la puiffance Romaine,
Vous deftruifez aufsi les deffeins de la Reyne :
Qu'il eft bon cependant d'obferuer de plus pres,
Par des yeux vigilans qu'on y peut mettre expres.

Syphax.

Allons, Philon, allons, où le Deftin m'appelle,
230 Et que ma mort contente vne Efpoufe infidelle.
Cependant Mafsiniffe.

Philon.

O Dieux il a blefmy.

Syphax.

[14]
Pour te faire vn prefent digne d'vn ennemy,
Et te fouhaiter pis que le fer ny la flame,
Ie te fouhaite encor Sophonifbe pour fâme. 235

ACTE I.

SCENE III.

SOPHONISBE & PHENICE.

Sophonifbe.

HA! Phenice, il eft vray qu'il a manqué de foy,
Qu'il a remis ma lettre entre les mains du Roy,
Et que fon imprudence,

Phenice.

afleurez-vous, Madame,
Que l'Eunuque en cecy n'eft point digne de blâme, 240
[15] Et qu'il ne vous manqua ny de foy, ny d'efprit,
Ny de conftance mefme, alors qu'on le furprit.
Ne foupçonnez donc plus fa franchife efprouuée,
Et fçachez comme quoy la chofe eft arriuée.
Def-jà ce malheureux fans nuls empefchemens, 245
Eftoit preft à fortir de nos retranchemens,
Et d'vn camp endormi fe couler dans vn autre;
Quand fon propre mal-heur, aufsi bien que le vostre
Sur la pointe du iour le fit tomber és mains
D'vn efquadron errant de cheuaux Africains, 250
Qui comme fugitif entr'eux le defpoüillerent,
Et fi foigneufement à l'enuy le fouïllerent,

Sammlung franzöf. Neudrucke. 8.

Que l'vn d'eux aperceut le papier attaché
Dans le bord de fa robe, où nous l'auions caché;
255 Et tous pour profiter d'vne telle auanture,
Le rendirent au Roy, fans en faire ouuerture:
Ainfi le pauure Efilque à fa rage expofé,
Merite d'eftre plaint, & non d'estre accufé,
Voilà comme en effect la chofe s'eft paffée.

Sophonifbe.

260 Cependant Mafsiniffe ignore ma penfée,
Ce glorieux Vainqueur eft encore à fçauoir
Le mauuais traictement qu'il me fait receuoir.
[16] Combien luy va coufter l'amour que ie luy garde,
Et comme à fon fubiect mon honneur fe hazarde!
265 Dieux que i'approcherois du comble de mes vœux,
S'il fçauoit feulement le bien que ie luy veux!
J'esprouuerois au moins hors de l'incertitude,
Ou fa reconnoiffance, ou fon ingratitude.
Phenice, penfez-vous que s'il connoiffoit bien,
270 Qu'il poffede mon cœur, il me donnaft le fien?
Mes yeux à voftre auis ont-ils affez de charmes,
Pour cét esprit nourry dans la fureur des armes?

Phenice.

Que trop, que trop, Madame, & ie ne doute pas,
275 Que ce ieune Vainqueur ne cede à vos apas;
Puis qu'on a veu Syphax en l'hyuer de fon âge,
Conceuoir tant de feux pour vn fi beau vifage;
Luy de qui les cheueux ont blanchy fous l'armet,
A la fuitte du bien que la gloire promet.
280 Croyez affeurément que s'il vous auoit veuë,
Auec tous les attraits dont vous eftes pourueuë,
Il feroit fans raifon, s'il ne changeoit vn iour
Les lauriers de la guerre aux myrthes de l'amour.
Si ce n'eft qu'autre part fa franchife afferuie,
285 De toute autre amitié luy fift perdre l'enuie:
[17] Car à bien difcourir, il n'eft pas apparent,
Qu'il ait pû conferuer vn cœur indifferent,
Parmy tant de beautez dont l'Efpagne fe vante.

Sophonisbe.

O Dieux! que ce foupçon me trouble & m'efpouuãte!
Et que ie fouffrirois, fi mon amour trompé 290
Treuuoit en Mafsiniffe vn cœur preoccupé!
Certes autant de fois que mon ame infenfée
A voulu s'arrefter deffus cefte penfée,
Nourrice, autant de fois i'ay changé de couleur,
Et mes fens interdits ont monftré ma douleur. 295

Phenice.

Mais, Madame, apres tout, cette amour décounerte,
Caufe vifiblement voftre honte & ma perte.
Le Roy tefmoigne affez par le bruit qu'il a fait,
Que toutes vos raifons ne l'ont pas fatisfait,
Et ie crains qu'au retour du combat qui l'arrefte, 300
Il ne faffe efclatter la derniere tempefte.

Sophonisbe.

Rien moins, ie connois trop la puiffance d'Amour,
Pour craindre que le Roy me faffe vn mauuais tour;
[18] Celle qu'il a pour moy ne luy fçauroit permettre,
De me deshonorer fur vne fimple lettre : 305
Il a puny ma faute en me la reprochant,
Et s'il m'euft voulu perdre, il l'euft faict fur le champ,
C'eft en quoy mon offenfe eft plus blafmable encore,
De tromper lafchement vn mary qui m'adore :
Mais vn fecret Deftin que ie ne puis forcer, 310
Contre ma volonté m'oblige à l'offencer :
Moy-mefme mille fois ie me fuis eftonnée,
Et de ma pafsion, & de ma deftinée.
Encore à ce matin ie pleurois en refvant
Au mal-heur inconu qui me va pourfuiuant; 315
Faifant reflexion fur mon erreur extrefme,
Ie ne pouuois treuuer que ie fuffe moy-mefme,
Et que dans la rigueur d'vn temps fi mal-heureux,
Ie peuffe conceuoir des penfers amoureux.
Helas, il paroift bien que l'Amour pour mes crimes, 320
M'alluma dans le cœur ces feux illegitimes!

2*

Car enfin il arriue, ou fouuent, ou toufiours,
Que l'aife & le repos engendrent les Amours :
Mais qu'ils ayĕt pris naiſſācc au milieu des allarmes,
325 Et qu'ils ayent allumé leurs flābeaux dans les larmes
C'eſt bien vn accident aufsi prodigieux,
Que d'vn fort non commun il eſt prefagieux.

[19]   Corifbé.
Madame tout eſt preſt, & pour le facrifice,
Et pour le vœu public ;

            Sophonifbe.
330   Allons y donc Phenice,
Et de peur de prier contre mon propre bien,
En adorant les Dieux ne leur demandons rien.

            Fin du premier Acte.

LA
SOPHONISBE
TRAGEDIE DE MAIRET.

ACTE II.
SCENE I.
SOPHONISBE, CORISBÉ, & PHENICE.

Phenice.
EN fin toute la ville eſt deſſus la muraille,
D'où, cõme d'vn theatre, elle void la bataille,
Et voſtre Majeſté, ſans aller loin d'icy,   335
Si c'eſtoit ſon plaiſir, la pourroit voir auſſi.

Sophoniſbe.
Non, i'ay trop de frayeur, & ſuis trop deſolée,
Pour voir ceſte mortelle & douteuſe meſlée,
Où Mars & la Fortune acheuent le Deſtin,
Et du peuple Africain, & du peuple Latin.   340
Mais ſi vous ſouhaitez ce tragique ſpectacle,
Pour le voir ſans danger ainſi que ſans obſtacle,
Rendez-vous au ſommet de la plus haute tour,
D'où l'œil deſcouure à plain tous les chãps d'alentour;

345 Et que de temps en temps l'vne ou l'autre defcende,
Pour m'affeurer toufiours des maux que i'apprehẽde :
Car quelque grand combat que Syphax ayt rendu,
I'en espere fi peu, que ie le tiens perdu,
Tant nos communs deffeins ont vn malheur eftrange.

Corifbé.

350 Madame, en vn moment la fortune fe change,
Fait rire bien fouuent ceux qu'elle a fait pleurer,
Et foumet fa malice à qui peut l'endurer.

Sophonifbe seule.

O fageffe! ô raifon! adorables lumieres,
Rendez à mon efprit vos clartez couftumieres,
355 Et ne permettez pas que mon cœur endormy,
Faffe des vœux fecrets pour fon propre ennemy,
Ny que mes pafsions auiourd'huy me reduifent
A vouloir le falut de ceux qui me deftruifent.
Mais ie reclame en vain cette foible raifon,
360 Puis que c'eft vn fecours qui n'est plus de faifon ;
Et qu'il faut obeïr à ce Dieu qui m'ordonne
De fuiure les confeils que fa fureur me donne.
Ie ne puis ignorer qu'à ce mefme moment,
Que ie paffe ma vie auec tant de tourment,
365 Ce ieune Conquerant ne fonge & ne trauaille,
A ioindre ma Couronne au gain d'vne bataille ;
Et qu'il ne fut rauy de m'auoir en fes mains,
Pour feruir de trophée aux triomphes Romains.
Cependant tant s'en faut que ie brufle d'enuie,
370 De conferuer ma gloire aux defpens de fa vie,
Qu'il eft tres-affeuré que ie mourrois de deüil,
Si le glaiue des miens l'auoit mis au cercueil.
O! vous hommes vaillants de qui les funerailles
Se font dans la meflée au pied de nos murailles,
375 Et qui faifant bouclier & rempart de vos corps,
Souftenez du Romain les fuperbes efforts ;
Que vous employez mal cefte valeur infigne,
Pour vn fubiect ingrat, qui n'en fut iamais digne !

[23] A quoy tant de combats, ſi grands & ſi connus,
Auec tant de valeur donnez & ſouſtenus ; 380
Si bien loin d'obliger, voſtre courage offence
Celle dont voſtre zele entreprend la deffence?
Puis que ſon intereſt en amour conuerty,
Luy fait aymer le Chef de contraire party.
Que vous ſert de deffendre auecque tant de peine, 385
Les portes & les tours qui couurent voſtre Reine,
Si defia l'infenſée ayme tant ſon vainqueur,
Que d'en porter l'image au milieu de ſon cœur?
Que vous ſert de deffendre vne place renduë,
En voulant conferuer ſa liberté perduë? 390
Pluſtoſt braues ſujets, armez-vous contre moy,
Qui ſuis le plus mortel des ennemis du Roy ;
Et qui fais de mon cœur le temple et la retraite
De celuy qui pourſuit voſtre entiere deffaite.
Reuenez au combat, ou vainqueurs ou vaincus, 395
M'accabler ſous le faix de vos larges eſcus,
Moy qui trahis mon nom, ma gloire, & ma patrie,
Pour aymer Maſsiniſſe auec idolatrie.
O funeſte rencontre! ô mal-heureux moment,
Où le ſort me fit voir ce viſage charmant ! 400
Quel orgueil vers le Ciel, ou quelle ingratitude,
Auoit pû m'attirer vn chaſtiment ſi rude?
[24] Quel crime enuers l'Amour pouuois-ie auoir commis,
Qu'il a iuré ma perte auec mes ennemis?
En fin ſi ma deffaicte importoit à ſa gloire, 405
Il pouuoit l'eſtablir par vne autre victoire.
Mais qui ne cognoiſt pas qu'en ceſte occaſion,
Il la cherchoit bien moins que ma confuſion?
Estoit-ce, Sophoniſbe, vn crime neceſſaire,
D'aymer vn Maſsiniſſe, vn mortel aduerſaire, 410
Vn amy des Romains, & de qui la valeur
Donne les derniers coups à mon dernier mal-heur ;
Puis qu'en ce meſme inſtant que ie plains & ſouspire,
Peut-eſtre que Syphax a perdu ſon Empire,
Et que dans peu de temps : mais voicy de retour 415
Mes filles ſans couleur, qui viennent de la tour :

Leur crainte me faict peur: n'importe, allons entendre.
Ce qu'il faut que ie fçache, & que ie n'ofe apprendre.
Et bien qu'avez-vous veu?

Corifbé.

420   le plus rude combat,
Qui fe verra iamais.

Sophonifbe.

      O Dieux! le cœur me bat,
Et m'annonce defia que nous auons du pire.

Phenice.

C'est ce qu'affeurement nous ne fçaurions vous dire,
425 Car outre que de foy la diftance des lieux
Montroit confufcment les obiects à nos yeux:
C'eft qu'vn nuage efpais de poudre & de fumée,
Nous empefchoit de voir & l'vne & l'autre armée.
Nous voyions feulement efclatter dans les airs,
430 A trauers la poufsiere vne fuitte d'efclairs,
Qui fortoient à longs traits de flammes ondoyantes,
De l'acier bien poly de leurs armes luyfantes;
Parmy cela, des cris pouffez de temps en temps,
Meflez & confondus aux coups des combatans.
435 De qui le bruit terrible en frappant nos oreilles,
Nous portoit dans l'esprit des frayeurs nompareilles.

Corifbé.

Aufsi n'auons-nous pû ma compagne ny moy,
Souftenir plus long-temps ces matieres d'effroy:
C'eft la raifon pourquoy nous fommes defcenduës,
440 Et tremblantes d'horreur, & de crainte efperduës,

Sophonifbe.

Et le peuple?

Corifbé.

     Le peuple! il eft fur les remparts,
Qui pouffe vers le Ciel fes cris & fes regards,
Autant pour tefmoigner fa foibleffe ordinaire,
445 Que pour encourager les noftres à bien faire:

Et lou en voit beaucoup par des chemins diuers,
Aller faire leurs vœux dans les Temples ouuers:
De maniere que Cirte en toute son enceinte,
N'eſt riẽ qu'vn grãd tableau de deſordre & de crainte.
Mais apres tãt de maux, poſsible que les Dieux 450
Changeront auiourd'huy nos fortunes en mieux.

Sophoniſbe.

Ha! Coriſbé, le Sort a iuré ma ruyne,
Et la puiſſance humaine a chocqué la diuine:
Les Dieux, que mon bon-heur a ſans doute laſſez,
Ne ſont pas ſatisfaits de mes mal-heurs paſſez, 455
Et ie m'oſe moy-meſme à moy-meſme predire,
Qu'ils me gardent encor quelque choſe de pire.
Les ſonges que ie fais depuis deux ou trois nuits,
Ne me preſagent pas de vulgaires ennuis:
Et ce qui m'en aſſeure avec plus de ſcience, 460
C'eſt que moy, qui bien loin de leur donner creance,
Les ay touſiours tenus ridicules, trompeurs,
Et produits d'vn amas de groſsieres vapeurs,
[27] Ie ne puis m'empeſcher ſi bien, que ie reſiſte
De croire à ces derniers, qui n'ont rien que de triſte. 465

Phenice.

Madame, volontiers nos ſeules paſsions,
Sans ſuitte & ſans deſsein font ces impreſsions;
Et noſtre fantaiſie en dormant imagine,
Suiuant les qualitez de l'humeur qui domine.
Si les penſers du iour ſont remplis de ſoucy, 470
Les ſonges de la nuict ſeront faſcheux auſsi.
Vrayment vous n'auez garde en l'eſtat où vous eſtes,
De ſonger des feſtins, des dances, & des feſtes.
Voſtre eſprit inquiet, triſte, noir, ſoucieux,
Ne vous produira pas des ſonges gracieux. 475
Ne redoutez donc plus ces monſtres en peinture,
Et ne preſumez pas de voir voſtre auanture
Dans ces miroirs obſcurs, qui dõnent, quoy que faux,
Aux credules eſprits de veritables maux.

480 Mais quelqu'vn ce me ſemble a fait bruit à la porte,
Iray-ie ouurir?

Sophoniſbe.

Allez, c'eſt quelqu'vn qui m'apporte
La nouuelle du bien ou du mal que i'attens.

---

[28] ## ACTE II.

SCENE II.

Caliodore, Meſſager.

HA! Phenice, le Roy!

Phenice.

485 Dieux! qu'eſt-ce que i'entens?
Mais de grace de peur de ſurprendre la Reyne,
Deſguiſe luy d'abord le ſubiect qui t'ameine.

Caliodore.

Si feray, ſi ie puis; mais i'aprehende bien,
Qu'vn esprit penetrant & clair comme eſt le ſien,
490 Ne le découure trop.

Sophoniſbe.

Et bien, Caliodore;
Le Deſtin de iadis nous pourſuit-il encore?
Et ce meſme mal-heur tant de fois eſprouué,
A-t'il à nos deſpens le combat acheué?
495 [29] Parlez; ſi peu d'eſpoir de mon bon-heur me reſte,
Que ie n'attens de vous qu'vn meſſage funeſte.

Caliodore.

Madame, il eſt bien vray que le Ciel en courrous,
Frappe encore auiourd'huy viſiblement ſur nous,
Et qu'il eſt mal-aiſé de vaincre la Fortune,
500 Quand elle veut monſtrer ſa derniere rancune.

Certes iamais l'eſpoir de voir noſtre vertu
Releuer auiourd'huy voſtre Empire abbatu,
Ne flata noſtre armée auec plus d'apparence,
Et ne la fit combatre auec plus d'aſſeurance.
D'abord tout a fait iour aux merueilleux efforts, 505
Dont nous auons couuert la campagne de morts.
Deux fortes Legions ſuperbement armées,
Et preſque de tout temps à vaincre accouſtumées,
N'ayant pû ſouſtenir nos bataillons preſſez,
Ont tombé ſur les leurs, qu'elles ont renuerſez; 510
Et ſe monſtrant alors à la peur accesſibles,
Ont perdu contre nous le tiltre d'Inuincibles,
A ce premier ſuccez plus forts qu'auparauant,
Nous pouſſons hardiment nos armes plus auant:
Le Roy tout le premier payant de ſa perſonne, 515
Nous conduit à leur camp, que l'on nous abandonne,
[30] Par vn combat ſi foible & ſi peu reſolu,
Que nous pouuions iuger qu'on l'auoit bien voulu,
Et que ce ſtratageme eſtoit vn coup de maiſtre,
Comme l'euenement le fit bien-toſt pareſtre. 520
Car au lieu d'acheuer l'ouurage glorieux,
Qui deuoit couronner nos fronts victorieux,
Le ſoldat en deſordre imprudemment s'engage,
Tant à bruſler le camp, qu'à piller le bagage;
Et ſoulant de butin ſon auare apetit, 525
Ne ſent pas que par là ſon ardeur s'alentit.
Sur cét amuſement l'ennemy ſe r'allie;
D'vn coſté Maſsiniſſe, & de l'autre Lelie,
Sans nous donner loiſir de reprendre nos rangs,
Viennent fondre ſur nous, comme deux fiers torrens. 530

Sophoniſbe.

Que ſert de me cacher le poignard qui me tuë?
Non, non, il faut mourir, la bataille eſt perduë.

Caliodore.

Vous l'auez dit, Madame, et c'eſt la verité;
Meſme s'il faut tout dire à voſtre Majeſté,

535 C'eſt que ſi les Romains, comme il eſt trop à croire,
Meſnagent mieux que nous le fruict de leur victoire,
[31] Ils entreront dans Cirte auſsi facilement,
Que s'ils n'y treuuoient pas vn ſoldat ſeulement :
Le peuple eſpouuanté leur ouurira les portes,
540 Dés qu'il verra venir leurs premieres cohortes.

Sophoniſbe.

Le Roy par conſequent eſt mort, ou priſonnier ?

Caliodore.

De tous nos maux publics c'eſt icy le dernier ;
Il eſt vray qu'en monſtrant ſa valeur infinie,
Ce Prince mal-heureux a ſa trame finie.

Sophoniſbe.

545 Pluſtoſt qu'il eſt heureux de n'auoir pas veſcu,
Pour eſtre à la mercy de ceux qui l'ont vaincu :
„Et qu'il eſt importun de conſeruer ſa vie,
„En vn temps où la mort est ſi digne d'enuie !

Phenice.

Madame, en vn mal-heur ſi grand, & ſi preſſant,
550 Il faut faire pareſtre vn eſprit agiſſant,
Et penſer qu'en l'eſtat où vous eſtes reduite,
Vous deuez ſur le champ vous reſoudre à la fuite,
[32] En pareil accident les pleurs ſont ſuperflus,
Et la perte du temps ne ſe repare plus.

Sophoniſbe.

555 Bons Dieux ! quel bruit de peuple entremeſlé de plaintes,
Replonge mon esprit en de nouvelles craintes ?

ACTE II.

SCENE III.

Caliodore.

MAdame attendez moy, i'[i]ray voir s'il vous plaiſt,
D'où prouient ce tumulte.

Sophoniſbe.

Ouy, ſçachez ce que c'eſt.

Elle demeure ſeule, parlant à ſes filles.

[33] O vous de mes trauaux compagnes genereuſes, 560
Faut-il que mes mal-heurs vous rendent mal-heureuſes?
Et que l'affection que vous auez pour moy,
Mette voſtre diſgrace au poinct où ie la voy?

Coriſbé.

Hé! Madame, plaignez voſtre ſeule infortune,
Et ſouffrez qu'auec vous elle nous ſoit commune : 565
En cela ſeulement le Sort nous fait plaiſir,
Et veut bien nous traitter ſelon noſtre deſir.
Ceſte meſme rigueur du mal qui nous afflige,
En la ſouffrant pour vous nous plaiſt & nous oblige :
Comme nous euſmes part à vos prosperitez, 570
Il faut bien nous ſentir de vos aduerſitez.

Sophoniſbe.

O Miracle de foy, d'amour & de ſageſſe,
Digne d'vn autre Sort, & d'vne autre Maiſtreſse!

Caliodore reuenu.

Madame il n'est plus temps ny de diſsimuler,
Ny de vous taire vn mal qui ne ſe peut celer. 575
[34] La ville s'eſt renduë, ou du moins se va rendre,
Et de là vient le bruit que nous venons d'entendre.
Maſsiniſſe en personne eſt deuant nos remparts,
Où chacun pour le voir accourt de toutes parts.

####### Sophonifbe.

580 Il faut donc par mon ayde apreftant mon courage,
Euiter par la mort la honte du feruage,
Sus donc, qui de vous trois me preftera la main,
Qui de vous au befoin fera le plus humain?
Toy fidelle fubiect, fi ma cheute certaine,
585 Me laiffe encor fur toy la qualité de Reyne,
Employe ton efpée à cét acte d'amour,
(Puis que c'eft m'aymer bien que me priuer du iour,)
Defpefche, et n'attēds pas que Rome ayt l'aduantage
De triompher en moy de l'honneur de Cartage.

####### Caliodore.

590 Pour tels commandemens mon cœur a protefté,
De n'obeyr iamais à voftre Majefté.

####### Sophonifbe.

Helas! de quel endroit esperer du remede,
Si les miens auiourd'huy me refufent leur ayde?

[35] ####### Phenice.

Comme on ne doute point qu'vn mal defesperé
595 N'ayt toufiours en la mort vn remede affeuré,
Ce remede eft aufsi le dernier qu'on effaye,
Et qu'on doit appliquer à la derniere playe,
Pour moy ie fuis d'auis qu'oubliant le trefpas,
Vous tiriez du fecours de vos propres apas.
600 Vous n'aurez pas befoin de beaucoup d'artifice;
Pour vous rendre agreable aux yeux de Mafsiniffe,
Effayez de gaigner fon inclination.

####### Sophonifbe.

Pleuft aux Dieux!

####### Phenice.

Il eft ieune, & d'vne nation,
605 Qui par toute l'Afrique eft la plus renommée,
Pour aymer aufsi-toft, & vouloir eftre aymée.
De grace, au nom des Dieux effayez le pouuoir,
Que fur vn cœur Numide vn bel œil doit auoir,
Et donnez cefte espreuue à nos communes larmes.

Sophoniſbe.

Ie n'attends rien du tout du coſté de mes charmes,
[36] Ce remede, Phenice, eſt ridicule & vain;
Il vaut mieux ſe ſeruir de celuy de la main,
Et d'vn coup genereux, digne de mon courage,
Me ietter dans le port en dépit de l'orage:
Mais pour vous contenter, ie me force, & veux bien
Faire vne laſcheté qui ne ſerue de rien.

Fin du 2. Acte.

LA
SOPHONISBE,
TRAGEDIE DE MAIRET.

ACTE III.

SCENE I.

Maſsinisse.

GRACE aux Dieux, ceſte inſigne & derniere victoire
Me rend tous les rayons de ma premiere gloire.
Il eſt mort ce barbare & laſche Vſurpateur,
620 Qui de tant de combats fut l'obiect & l'autheur.
Le Ciel par ſa ruyne a fait voir à la terre,
Qu'vn ſuccez mal-heureux ſuit vne iniuſte guerre.
O vous à qui ie doy la fortune & l'honneur,
Inſtruments & teſmoins de mon dernier bon-heur,
625 Croyez, chers compagnons, dont les armes proſperes
M'ont ouuert le chemin au throſne de mes peres;
Que par vos longs trauaux mon repos reſtably,
N'eſt pas dans mon eſtime vn bien digne d'oubly.
Ie ſçay trop quel ſalaire exigent vos ſeruices,
630 Et que l'ingratitude eſt le plus noir des vices:
Mais il nous reſte encore à faire vne action,
Qui conduiſe ma gloire à ſa perfection.

Philip.

Magnanime Empereur, dispofez de nos vies ;
Et fi vous conceuez de plus hautes enuies,
Si l'Eftat de Syphax ne vous contente pas,
Pouffez vos vœux plus outre, et nous fuiurõs vos pas.
Sous l'auœu du Senat vous pouuez entreprendre
De nous mener plus loing que ne fut Alexandre.
Vous poffedez l'amour de quatre Legions,
Qui vous peuuent donner autant de regions,
Et qui ne cedent pas à ces vieilles Phalanges,
Qui virent tant de mers et de terres eftranges.

[39] **Mafsiniffe.**

Ie ne refufe pas, inuincibles Romains,
Ny ces cœurs genereux, ny ces puiffantes mains,
Qui par tout l'Vniuers quand les caufes font bonnes,
Oftent comme il leur plaift, & donnent les Couronnes.
Je fçay que vous m'aymez & que voftre amitié
Eftablit ma puiffance, & l'accroit de moitié.
Enfin que vous pourriez, fi vous le vouliez faire,
Rendre toute l'Afrique à mes vœux tributaire :
Mais les bons mouuemens que vous auez pour moy,
Se doiuent referuer pour vn meilleur employ ;
Et pour l'acheuement d'vne plus grande chofe,
Que celle que ic veux, & que ie vous propofe.

Philip.

Commandez feulement, & dites ce qu'il faut.

Mafsiniffe.

Allez droit au Palais, & l'emportez d'affaut,
S'il eft vray, comme on dit, qu'il faffe refiftance ;
Non que de foy le lieu foit de telle importance,
Qu'il faille abfolument, fans attendre à demain,
Au prix de noftre fang l'auoir à coups de main :
[40] Mais c'eft que Sophonifbe à l'extreme reduite,
S'y trouue enuelopée auec toute fa fuite.
Or ie crains qu'attendant iufqu'à demain matin,
Cefte longueur ne nuife à l'Empire Latin :

665 Car fi cefte Africaine, aufsi fine que belle,
Employe à fe fauuer quelque rufe nouuelle,
Il a toufiours en elle vn puiffant ennemy;
Et nous n'auons gaigné ny vaincu qu'à demy;
Outre que cefte Reyne en beautez nompareille,
670 Doit de noftre triomphe accomplir la merueille,
Qui fans ceft ornement sera defectueux.
Et rendra moins brillans vos actes vertueux.
Allons donc de ce pas attaquer cefte place,
Que deffend vne foible & lafche populace :
675 Que s'il faut l'emporter par vn fanglant moyen,
Separez le foldat d'auec le citoyen :
Efpargnez, s'il fe peut, ce[s] peu vaillantes ames,
Et fur tout refpectez la Princeffe & fes fâmes,
Et qu'en faueur du sexe, ou de la qualité,
680 On ne faffe à pas vne aucune indignité.

[41] ACTE III.

SCENE II.

SOPHONISBE, PHENICE, CORISBÉ.

Sophonifbe.

PHENICE encore vn coup, tandis qu'il m'eft loifible,
Que i'applique à mes maux vn remede infaillible.
Celuy que ie propofe, outre qu'il eft honteux,
Ne promet qu'vn effect extremement douteux :
685 Le pouuoir de mes yeux, s'il faut que ie le tente,
Vaut moins que le fecours que ma main me prefente :
C'eft le plus prompt de tous, comme le plus certain,
Et le plus digne aufsi d'vn courage hautain.

Vn seul coup de poignard espuisera mes veines,
Et presque sans douleur acheuera mes peines. 690
Ha! que desia sans vous i'aurois bien esuité
La honte & le mal-heur de la captiuité!

[42] #### Phenice.
Donnez-vous, s'il vous plaist, vn peu de patience,
Et de voſtre beauté faites experience;
Sçachez ce qu'elle vaut, & ce que vous pouuez: 695
Mais comment le sçauoir, si vous ne l'esprouuez?

Corisbé.
De fait la desfiance où la Reyne se treuue,
Ne peut venir d'ailleurs que d'vn māque d'espreuue.

Sophonisbe.
Corisbé prenez garde à l'estat où ie suis,
Et par là, comme moy, voyez ce que ie puis. 700
Quand hier i'aurois esté la viuante peinture
Des plus rares beautez qu'on voit en la Nature,
Le moyen que mes yeux conseruent auiourd'huy,
Vne extreme beauté sous vn extreme ennuy?
Et n'ayant plus en moy que des attraits vulgaires, 705
Ils ne toucheroient point, ou ne toucheroient gueres:
De sorte qu'apres tout ie conclus qu'il vaut mieux,
Essayer le secours de la main que des yeux.

[43] #### Corisbé.
Madame, si vos yeux n'ont pas assez d'amorce,
Vos mains au pis aller auront assez de force, 710
Pour vous faire sentir la pointe d'vn poignard:

Sophonisbe.
Mais peut-estre qu'alors ie le voudray trop tard,
Et que ie n'auray pas vn glaiue qui me tuë.

Phenice.
Ce que le fer ne peut la douleur l'effectuë.
Tant de chemins diuers conduisent au trespas, 715
Que qui n'en treuue point, veut bien n'en treuuer pas:

Il faut donc, s'il vous plaift, vous refoudre à la vie,
Et rauir la franchife à qui vous l'a rauie.
Pour moy ie ne voy point qu'à voftre feul afpect,
720 Il ne brufle d'amour, et tremble de refpect :
Et qu'à fon iugement vous n'emportiez la pomme
Sur toutes les beautez de Capouë & de Romme.
Au refte la douleur ne vous a point efteint,
Ny la clarté des yeux, ny la beauté du teint :
725 Vos pleurs vous ont lauée, & vous eftes de celles,
Qu'vn air trifte & dolent rend encore plus belles.
[44] Vos regards languiffants font naiftre la pitié,
Que l'amour fuit par fois, & toufiours l'amitié ;
N'eftant rien de pareil aux effects admirables,
730 Que font dãs les beaux cœurs des beautés miferables.
Croyez que Mafsiniffe eft vn viuant rocher,
Si vos perfections ne le peuuent toucher,
Et qu'il eft plus cruël qu'vn Tygre d'Hircanie,
S'il exerce enuers vous la moindre tirannie.

[45] ## ACTE III.

SCENE III.

Caliodore furuenant.

735 MADAME, Mafsiniffe eft dans la grande court,
Qu'on prendroit pour vn Temple où tout le monde.
            accourt,
Tant fes foins d'empefcher le defordre & l'outrage,
Des plus efpouuantez affeurent le courage ;
Au refte fi benin, que voftre Majefté
740 Doit beaucoup esperer de fon humanité.
Mais le degré Royal retentit ce me femble,
D'vn grand bruit de boucliers :

      Sophonifbe.
        Ha ! Phenice, ie tremble.

Phenice.

C'eſt pourtant maintenant qu'il ſe faut aſſeurer,
Et luy tirer des traits qu'il ne puiſſe parer. 745
[46] Si toſt qu'il entrera faictes luy <u>la harangue</u>,
Que la necefsité vous mettra ſur la langue;
Et dont les doux regards & les ſoûpirs frequents
Faſſent les plus beaux traicts, & les plus eloquents.
Au reste vn ieune esprit facilement s'engage, 750
Par la douceur des yeux, du geſte & du langage,
Que voſtre Majeſté ne refuſe donc pas,
D'attaquer ſon vainqueur auec tous ſes appas.

<u>Vœv de Sophoniſbe a l'Amovr.</u>

Voicy, puiſſant Amour, vn ſubiect aſſez ample,
Pour laiſſer de ta force vn memorable exemple. 755
Entreprens ce miracle, afin que les mortels,
De ſoûpirs & d'encens eſchauffent tes autels:
Fay-donc, & ie te vouë vn Temple magnifique,
Comme au Reſtaurateur des affaires d'Afrique.

[47] # ACTE III.

SCENE IIII.

MASSINISSE. SOPHONISBE. PHENICE. CORISBÉ.

Maſsiniſſe.
entrant auec ſes ſoldats.

SOLDATS attendez-moy, n'entrez pas plus auant, 760
La majesté du lieu ne veut point de ſuiuant.
Autant que ſa douleur ſa beauté nous la monſtre,
Qui d'vn pas triſte & lent nous vient à la rencontre.

[48] <u>Harangve de Maſsiniſſe.</u>
Madame, ie ſçay bien que c'eſt renouueler,
Ou croiſtre vos ennuys, que de vous en parler; 765

Et qu'il me seroit mieux d'auoir la bouche close,
Que de vous consoler du mal que ie vous cause.
Mais vos Dieux & les miens, à qui rien n'est segret,
Sçauent qu'en vous perdant ie vous perds à regret;
770 Et qu'en quelque façon mon bon-heur m'importune,
Pource qu'il ne me vient que de vostre infortune.
Mais puis que le Destin, pour mõstrer qu'il vous hait,
N'a pas laissé la chose au gré de mon souhait,
Treuuez bon que mon cœur vous iure par ma bouche,
775 Que tres-sensiblement vostre douleur le touche;
Et qu'il diminûroit & vos maux & vos soins,
Si pour y prendre part il vous en restoit moins.
Ne m'estant pas permis d'empescher vos miseres,
Ie feray pour le moins qu'elles vous soient legeres;
780 Et si ie ne le puis, i'auray soin en tout cas
Que de nouueaux mal-heurs ne les agrauent pas,
Et qu'on vous traitte en Reyne, & non pas en captiue;
Rendez donc l'asseurance à vostre ame craintiue,
Et que vostre douleur se dispose à songer,
785 En quoy les miens ou moy la pouuons soulager.

[49]   **Responce de Sophonisbe.**

C'est bien tres-iustement, ô Vainqueur magnanime,
Que le monde est remply du bruit de vostre estime :
Vos rares qualitez m'aprennent la raison
Du mal-heur obstiné qui suit nostre maison.
790 Leur esclat est si grand, que la Fortune mesme,
Toute aueugle qu'elle est, les cognoist & les ayme;
Et vous fauorisant agit si sagement,
Qu'elle monstre en cela qu'elle a du iugement.
Mais pour le iuste prix d'vne vertu si haute,
795 Si par de plus grands biens que ceux qu'elle nous oste,
L'inconstante n'adiouste à vos prosperitez,
Vous auez beaucoup moins que vous ne meritez.
Assez de Conquerants à force de puissance,
Rengent les Nations à leur obeyssance;
800 Mais fort peu sçauent l'art de vaincre les esprits,
Et de bien meriter le Sceptre qu'ils ont pris.

Il n'appartient qu'à vous de faire l'vn & l'autre,
C'eſt la propre vertu d'vn cœur comme le voſtre:
Meſme c'eſt vn Deſtin, que les Roys ennemis
Sont d'abord odieux à ceux qu'ils ont ſoumis, 805
Où voſtre courtoiſie, ô Vainqueur debonnaire,
Faict vn miracle en moy qui n'eſt pas ordinaire.
[50] Tant s'en faut que voſtre heur m'oblige à murmurer,
Que ie demande aux Dieux de le faire durer;
Et vous n'aurez iamais vne grandeur parfaite, 810
Que lors que vous aurez ce que ie vous ſouhaite.
Les preſens que le Sort vous fait à mes despens,
Ne ſont pas le ſubiect des pleurs que ie reſpans;
Ie voy voſtre bon-heur, ſans haine, & ſans enuie,
Et ie plains ſeulement le malheur de ma vie, 815
Qui m'eſt d'autant plus dur, que m'ayant tout oſté,
Esperance, Repos, Fortune, Liberté,
Pour faire de tout poinct mon Deſtin pitoyable,
Il m'oſte le moyen de me rendre croyable.
Dans la condition du temps où ie me voy, 820
Ie vous feray ſuſpecte, ou peu digne de foy.
Mais n'ayant quaſi plus qu'esperer & que craindre,
Il me ſieroit fort mal de flater ou de feindre;
Et ie me hayrois, ſi i'auois racheté
L'Empire de Syphax par vne laſcheté. 825

                     Phenice.
Ma Compagne. il ſe prend.
                     Maſsiniſſe.
                     O Dieux! que de merueilles
Enchantent à la fois mes yeux & mes oreilles!
[51] Certes iamais esprit n'eut vn plaiſir ſi doux,
Que celuy que ie ſens d'eſtre eſtimé de vous. 830
Mars n'a point de Lauriers dont la gloire me touche,
Au prix d'eſtre loüé d'vne ſi belle bouche:
Mais ie n'auray iamais qu'vn bon-heur imparfait,
Si voſtre compliment n'eſt ſuiuy de l'effect;
Si vous ne teſmoignez eſtimer Maſsiniſſe, 835
En luy donnant ſubiect de vous rendre ſeruice.

Commãdez donc, Madame, eſprouuez auiourd'huy
Le pouuoir abſolu que vous auez ſur luy;
Et tout mal-heur le ſuiue, au cas qu'il ne vous ſerue,
840 Aux choſes qu'il pourra, ſans feinte et ſans reſerue.

Sophoniſbe.

Grand Roy, puis qu'il vous faut vn ſujet mal-heureux,
Où pouuoir exercer vos actes genereux;
Pour ne me rendre pas voſtre grace inutile,
Ie ne vous feray point de requeſte inciuile.

Phenice.

845 La victoire eſt à nous, ou ie n'y connoy rien.

Sophoniſbe.

Non, ie ne veux de vous ny puiſſance ny bien:
[52] Ie ne demande pas à vos mains liberales,
Ny mon Sceptre perdu, ny ſes pompes royales:
Car i'atteſte les Dieux, que quand ie les aurois,
850 Auec l'ame & le cœur ie vous les donnerois:
Mais ſi le ſentiment de la miſere humaine
Vous fait auoir pitié d'vne dolente Reyne,
N'aguere l'ornement de ſa condition,
Et maintenant l'obiect de la compaſsion;
855 Donnez-moy l'vn des deux, ou que iamais le Tibre
Ne me reçoiue eſclaue, ou que ie meure libre.
Nous vous en coniurons mes diſgraces et moy,
Par le nom Africain, par le tiltre de Roy,
De qui la Majeſté de tout temps ſacre-ſainte,
860 Souffriroit en ma honte vne publique atteinte:
Par les Sceptres que i'eus, par ceux que vous auez,
Par ces ſacrez genoux de mes larmes lauez,
Par ces vaillantes mains touſiours victorieuſes,
Bref par vos actions en tout ſi glorieuſes.

Maſsiniſſe.

865 Dieux! faut-il qu'vn Vainqueur expire ſous les coûs
De ceux qu'il a vaincus?   Madame, leuez-vous,

Sophonisbe.
[53] Non, Seigneur, que mes pleurs n'obtiennent ma demande :
Massinisse.
Vous obtenez encor vne chose plus grande ;
C'est vn cœur que beauté n'a iamais asseruy, 870
Et que presentement la vostre m'a rauy.
Sophonisbe.
En l'estat où ie suis il faut bien que i'endure
L'outrageuse rigueur de vostre procedure :
Mais sçachez que iamais vn genereux Vainqueur
N'afligea son vaincu d'vn langage moqueur. 875
Massinisse.
Ha ! Madame, perdez ceste iniuste creance,
Qui dans sa fausseté me nuit, & vous offence ;
Iugez mieux des respects qu'vn Prince doit auoir,
Et dans vostre beauté voyez vostre pouuoir.
Trop de gloire pour moy se treuue en ma deffaite, 880
Pour la desaduoüer, et la tenir secrette.
Vantez-vous d'auoir faict auec vos seuls regards,
Ce que n'ont iamais pû ny les feux, ny les dards.
[54] Il est vray, i'affranchis vne Reine captiue,
Mais de la liberté moy-mesme ie me priue : 885
Mes transports violents, & mes soûpirs non feints,
Vous descouurent assez le mal dont ie me plains.
Sophonisbe.
Certes ma vanité seroit trop ridicule,
Ou i'aurois vn esprit extrémement credule,
Si ie m'imaginois qu'en l'estat où ie suis, 890
Captiue, abandonnée, au milieu des ennuis,
Le cœur gros de soûpirs, & les yeux pleins de larmes,
Ie conseruasse encor des beautez & des charmes,
Capables d'exciter vne ardente amitié.
Massinisse.
Il est vray que d'abord i'ay senty la pitié ; 895
Mais comme le Soleil suit les pas de l'Aurore,
L'Amour qui l'a suiuie, & qui la suit encore,

A fait en vn inſtant dans mon cœur embrazé,
Le plus grand changement qu'il ait iamais cauſé.

Sophoniſbe.

900 Il eſt trop violent pour eſtre de durée :

Maſsiniſſe.

Ouy, car en peu de temps la mort m'eſt aſſeurée.
[55] Si vous ne conſolez d'vn traictement plus doux,
Celuy qui deſormais ne peut viure ſans vous.

Coriſbé.

Comme de plus en plus cét eſprit s'embaraſſe !

Maſsiniſſe.

905 Donnez-moy l'vn des deux, la mort, ou voſtre grace.
Nous vous en coniurons mes paſsions & moy,
Non par la dignité de Vainqueur & de Roy,
Puis qu'Amour me fait perdre & l'vn & l'autre titre,
Mais par mon triſte Sort, dont vous eſtes l'arbitre ;
910 Par mon ſang enflammé, par mes ſoûpirs brûlans,
Mes tranſports, mes deſirs, ſi prompts, ſi violents,
Par vos regards, ces traicts de lumiere & de flame,
Dont i'ay ſenty les coups au plus profond de l'ame :
Et par ces noirs tirans dont i'adore les loix,
915 Ces vainqueurs des vainqueurs, vos yeux maiſtres des Rois ;
En fin par la raiſõ que vous m'auez oſtée,
Rendez-moy la pitié que ie vous ay preſtée :
Ou s'il faut dans mon ſang noyer voſtre courrous,
Que ce fer par vos mains m'immole à vos genous :
920 Victime infortunée & d'amour & de hayne :

Sophoniſbe.

Voſtre mort au contraire augmenteroit ma peine ;
[56] Mais plaignez, ô grand Roy, voſtre ſort & le mien,
Qui par neceſsité rend le mal pour le bien :
Ie vous plains de ſouffrir, & moy ie ſuis à plaindre,
925 D'allumer vn braſier que ie ne puis eſteindre.

Maſsiniſſe.

Quand on n'a point de cœur, ou qu'il eſt endurcy ;

Sophonifbe.
C'eft pour en auoir trop que ie vous parle ainfi.

Mafsiniffe.
Ce difcours cache vn fens que ie ne puis entendre:

Sophonifbe.
Ce difcours toutes fois eft facile à comprendre;
Le deplorable estat de ma condition 930
M'empefche de refpondre à voftre affection:
La vefue de Syphax est trop infortunée,
Pour auoir Mafsiniffe en fecond Hymenée;
Et fon cœur genereux formé d'vn trop bon fang,
Pour faire vne action indigne de fon rang: 935
Car enfin la Fortune auec toute fa rage,
M'a bien osté le Sceptre, & non pas le courage.
[57] Je fçay qu'vfant des droicts de Maistre & de Vainqueur,
Vous pouuez me traicter auec toute rigueur:
Mais i'ay creu iufqu'icy que vostre ame est trop haute, 940
Pour le fimple penfer d'une fi lafche faute.

Mafsiniffe.
Croyés-le encor, Madame, & fçachez qu'en ce poinct
Voftre creance & moy ne vous trõperons point.
Donc pour vous faire voir que c'eft la belle voye,
Par où ie veux monter au comble de ma ioye; 945
Puis que Syphax n'eft plus, il ne tiendra qu'à vous,
D'auoir en Mafsiniffe vn legitime espous.

Sophonifbe.
Quelles Reynes au monde en beautez fi parfaictes,
Ont iamais merité l'honneur que vous me faictes?
O merueilleux excez de grace & de bon-heur, 950
Qui met vne Captiue au lict de fon Seigneur!

Mafsiniffe.
Puis que vous me rendez le plus heureux des hõmes,
Ma violente ardeur, & le temps où nous fommes,
Ne me permettent pas de beaucoup differer
Vn bien le plus parfaict qu'on fçauroit efperer. 955

[58] C'est pourquoy treuuez bon qu'en la forme ordinaire,
Le flambeau d'Hymenée auiourd'huy nous esclaire,
Tant pour haster le temps d'vn bien qui m'est si cher,
Que pour d'autres raisons qui pourroiēt l'empescher,
960 Et que pour le present il faut que ie vous taise.
Cependant permettez que ie prenne à mon aise
Vn honneste baiser, pour gage de la foy,
Que le Dieu conjugal veut de vous et de moy.
Il la baise.
O transports! ô baiser de nectar & de flamme,
965 A quel rauissement esleues-tu mon ame!
Madame, s'il vous plaist, i'iray voir mes soldats,
Et les ordres donnez ie reuiens sur mes pas.
Adieu, vous voyez trop en mon visage blesme,
Que m'arracher de vous, c'est m'oster à moy-mesme.
Il s'en va.

Sophonisbe.

970 O miracle d'amour à nul autre pareil!

Phenice.

Peut estre vne autre fois vous suiurez mon conseil?

Sophonisbe.

Ha! Phenice, il est vray qu'vne telle merueille,
Fait que tres-iustement ie doute que ie veille,
[59] Et qu'vn songe trompeur n'abuse mes esprits.

Phenice.

975 Madame, le Numide est tellement espris,
Son brasier est si grād, qu'il ne vous faut pas creindre,
Que rien que le trespas ait pouuoir de l'esteindre.
Cependant en cecy la prudence des Dieux,
Contre nos sentimens a fait tout pour le mieux.
980 S'il auoit auiourd'huy vostre lettre receuë,
Vos desseins n'auroient pas vne si bonne issuë.
S'il sçauoit seulement que vous l'auez chery,
Vous l'auriez pour amant plutost que pour mary.
Croyez asseurément que vostre modestie,
985 Fait de sa passion la meilleure partie.

C'eſt pourquoy tenez bon, & ne relaſchés point,
Que l'ouurage entrepris ne ſoit au dernier poinct.
Apres quand vous ſerez ſa veritable fâme,
Vous pourrez luy montrer voſtre premiere flame,
Afin qu'il vous cheriſſe auecque plus d'ardeur, 990
Voyant que vous l'aymez, et non pas ſa grandeur.
Allons donc acheuer les apprefts neceſſaires
Au reſtabliſſement du bien de vos affaires.
Mais quel ſuiect, Madame, auez-vous de refuer?

Sophoniſbe.
Phenice, ie ne ſçay ce qui doit m'arriuer : 995
[60] Mais quelque doux preſent que le bõ-heur m'enuoye,
Mon cœur ne gouſte point vne parfaite ioye.
Syphax n'a pas encor les honneurs du tombeau,
Et d'vn ſecond Hymen i'allume le flambeau ;
Certes son amitié iointe à la bien-ſeance, 1000
Me donne du remords & de la repugnance.

Coriſbé.
Madame il eſt bien vray qu'en vne autre ſaiſon,
Vous auriez ces penſers auec iuſte raiſon :
Mais ſongez qu'en l'eſtat où vous eſtes reduite,
C'eſt la neceſsité qui fait voſtre conduite. 1005
Mille raiſons d'Eſtat que vous n'ignorez pas,
Sont de voſtre action l'excuſe & le compas.
Celles de voſtre rang ſont touſiours dispenſées,
D'attacher leur conduite à toutes ces penſées.

Sophoniſbe.
Allons donc trauailler à noſtre liberté, 1010
Et cedons aux rigueurs de la necefsité.

Fin du 3. Acte.

LA SOPHONISBE,

TRAGEDIE DE MAIRET.

ACTE IIII.

SCENE I.

MASSINISSE, SOPHONISBE.

Maſsiniſſe.

QVELQVE inſigne bon-heur dont ie ſois redeuable
 Aux careſſes du Sort qui m'eſt ſi fauorable,
 C'eſt icy le plus grand qui m'ayt iamais ſuiuy,
1015 Ouy, Madame, il eſt vray que ie ſuis plus rauy
 De voir que voſtre amour à la mienne responde,
 Que ſi i'auois ſoumis tous les peuples du monde.
 I'ayme plus de moitié quand ie me ſens aymé,
 Et ma flame s'accroiſt pour vn cœur enflamé.
1020 Dans la poſſeſsion d'vne beauté de glace,
 La plus chaude fureur s'alentit & ſe laſſe.
 Vn plaiſir legitime en veut vn de retour,
 Et l'amour ſeulement eſt le prix de l'amour.
 Comme par vne vague vne vague s'irrite,
1025 Vn ſoûpir amoureux par vn autre s'excite.
 Quand les chaines d'Hymen eſtreignent deux eſprits,
 Vn baiſer ſe doit rendre auſsi-toſt qu'il eſt pris.

De forte que toufiours la plus honnefte fâme,
Eft celle qui tefmoigne vne plus viue flame :
C'eft là que fa vertu fe monftre en fon ardeur, 1030
Et que la retenuë eft de mauuaife odeur.
Pour moy, quoy que defia ma pafsion fut telle,
Que fa force excedât toute force mortelle,
Mes defirs toutesfois ont accreu de moitié,
Depuis que i'ay connu voftre ardente amitié. 1035

[63] Sophonifbe.
Il me faudroit la voix de l'Eloquence mefme,
Pour vous reprefenter à quel poinct ie vous ayme.
Il fuffit que pour trop, & trop bien vous aymer,
Il n'eft point de difcours qui le puiffe exprimer.
Pourtant, & c'eft icy la peur qui m'affafine, 1040
Voftre efprit abufé peut-eftre s'imagine,
Que mon affection toute pure qu'elle eft,
Mefle dans fa ferueur quelque peu d'interelt.
Mais i'attefte le Ciel que ma foy non commune,
Regarde Mafsiniffe, & non pas fa fortune ; 1045
Et qu'en pareil degré de fortune & d'ennuy,
Ce qu'il a faict pour moy, ie l'aurois faict pour luy.

Mafsiniffe.
Ie ne veux pour tefmoin des chofes que vous dites,
Que mon propre bon-heur.

Sophonifbe.
Mais vos propres merites. 1050

Mafsiniffe.
A propos où nafquit, en quel temps, & pourquoy,
La bonne volonté que vous auez pour moy?
[64] De grace accordez-moy le plaifir de l'entendre,
Vous plaift-il?

Sophonifbe.
Volontiers, ie m'en vay vous l'apprendre. 1055
Vous fçauez qu'autrefois nous fufmes fur le poinct,
De conclure vn Hymen qui ne s'acheua point.

Ce Prince mal-heureux, à qui les Destinées
Vouloient sacrifier mes premieres années,
1060 Fut cause que mon pere à ses vœux complaisant,
Rompit le nœud sacré qui nous lie à present.
Cependant sous l'espoir d'estre vn iour vostre fâme,
I'auois conceu pour vous vne secrette flame,
Et receu dans l'esprit vne douce langeur,
1065 Dont le temps m'eut guerie auecque sa longeur;
Si l'estrange accident que vous allez entendre,
N'eut r'allumé ce feu qui mouroit sous sa cendre.
Vous souuient-il du iour que Syphax et les siens,
Sortirent pour forcer vos Massesiliens?
1070 Il se passa pour vous auecque tant de gloire,
Que vous en deuez bien conseruer la memoire.
Car par vostre vertu les nostres repoussez,
Vous laisserent venir iusqu'au bord des fossez,
[65] Où ie vous vis combatre auec tant de vaillance,
1075 Que i'eus defià pour vous assez de bienueïllance,
Pour ne souhaiter pas qu'vn succez mal-heureux
Acheuast à mes yeux vos exploicts valeureux :
Mais lors que de la tour où ie m'estois placée,
Ie vis de vostre armet la visiere haussée,
1080 Que pour vous rafraischir vous leuastes expres;
Et qu'il me fut permis d'obseruer d'assez pres
Ce visage où l'Amour, & le Dieu de la Thrace,
Meslent tant de douceur auecque tant d'audace;
De là ie commençay de vendre mon pays,
1085 Et de là dans mon cœur les miens furent trahis,
D'vne fleche de feu i'eus l'ame outrepercée,
De sorte que de tous ie fus la plus blessée :
Il est vray qu'à present mon mal est apaisé,
Par la main de celuy qui me l'auoit causé ;
1090 Et que la guerison qui s'en est ensuiuie,
Me le fera benir tout le temps de ma vie.

Masinisse.

Certes ie suis heureux d'vne telle façon,
Que ma prosperité me donne du soupçon:

Ie treuue deformais ma fortune fi grande,
Que i'en fuis aueuglé, fi ie ne l'apprehende.
[66] Le bon-heur a cela de la mer et du flus, 1095
Qu'il doit diminuër fi toft qu'il ne croift plus.
Mais s'il faut que les Cieux, cõme c'eft leur coûtume,
Faffent à la douceur fucceder l'amertume,
Que tout feul, s'il fe peut, ie boiue tout le fiel, 1100
Que refpandroit fur nous la cholere du Ciel.
Mais que veut ce foldat couuert à la Romaine,
Ha! mon cher Arifton, quel fuiet vous ameine?
Et que faict Scipion?

Arifton.
Sire, il vient d'arriuer, 1105
Qui vous mande par moy de le venir treuuer.

Mafsiniffe.
Où l'auez-vous laiffé?

Arifton.
Dans la fale prochaine,
Où feulement Lelie auec luy fe promeine.

Mafsiniffe.
Oüy, i'iray le treuuer dans vn moment d'icy. 1110

Sophonifbe.
Ie n'attens rien de bon de ce meffage-cy,
[67] Ce nom de Scipion m'eft de mauuais prefage,

Mafsiniffe.
O Dieux!

Sophonifbe.
Et quoy, Seigneur, vous changez de vifage?
Quel fujet auez-vous inquieter? 1115

Mafsiniffe.
Nul, que le déplaifir que i'ay de vous quitter.

Sophonifbe.
Vn fi prompt changement marque encore autre chofe,
Et voftre inquietude a toute vne autre caufe:

Dites la verité, vous craignez le pouuoir
1120 De celuy qui vous mande, & que vous allez voir?

Mafsiniffe.

Il eft vray que ie crains que ce courage auftere
N'empefche uos plaifirs, ou qu'il ne les altere;
Ie voy ma deftinée, & fçay que Scipion
Eft venu pour troubler noftre fainte vnion.
1125 C'eft pourquoy i'ay voulu hafter ma procedure:
Car la chofe eftant faite, il faudra qu'il l'endure.
Il fera moins fafché que fi i'euffe attendu,
D'accomplir noftre Hymen quand il l'euft deffendu,
[68] Il ne faut pas douter qu'il ne me follicite,
1130 Me preffe, & me tourmente, a fin que ie vous quitte:
Mais que vif aux Enfers ie fois precipité,
Si iamais ie confens à cefte lafcheté.

Sophonifbe.

Que ie perde plutoft la lumiere celefte,
Que de voir mon amour vous deuenir funefte.
1135 Non, non, fi Scipion, comme on n'en doute point,
Veut feparer en nous ce que l'Hymen a joint,
Il faut que vous fafsiez toute chofe pofsible,
Pour vaincre la rigueur de ce cœur infenfible:
Que fi rien ne le peut, ie vous demande au moins,
1140 Au nom de tous les Dieux de nos nopces tefmoins,
Et par la pureté de l'Amour coniugale,
De conferuer en moy la dignité Royale.
En fin ie vous coniure autant que ie le puis,
De vous bien fouuenir de ce que ie vous fuis.
1145 Ne fouffrez pas qu'vn iour voftre femme enchainée,
Soit dans vn Capitole en triomphe menée.
Ie ne vous parle plus comme hier ie vous parlois,
En vefue de Syphax, & fuiette à vos lois;
Ie fçay bien que le nœud qui nos ames affemble,
1150 Confond pareillement nos interefts enfemble;
[69] Que vous deuez fouffrir des maux qu'on me fera,
Et que c'eft de tous deux que l'on triomphera.

Maſsiniſſe.

I'ay pour vo⁹ trop d'amour, pour moy trop de courage,
Pour ſouffrir, ſans me perdre, vn ſi ſenſible outrage:
Mais on n'en viendra pas à ceſte extremité; 1155

Sophoniſbe.

Ie connoy Scipion, & ſa ſeuerité.

Maſsiniſſe.

Ie vous donne ma foy que quoy qu'il en arriue,
Rome ne verra point Sophoniſbe captiue.

Sophoniſbe.

Me le promettez-vous?

Maſsiniſſe.

Oüy ie vous le promets. 1160

Sophoniſbe.

Allons donc, mon esprit eſt content deſormais.

---

[70] ACTE IIII.

SCENE II.

SCIPION. LELIE.

Scipion.

MAIS vous, qui par vn lõg & familier vſage
Vous deuez mieux connoiſtre en cét esprit volage,
Quel remede à ſon mal vous ſemble le plus ſeur!
Eſt-ce la violence, ou ſi c'eſt la douceur? 1165
Et duquel maintenant faut-il quë ie me ſerue?

Lelie.

L'vn perd ſouuente fois ce que l'autre conſerue:
Ie croy que le dernier y fera plus que tout;

Scipion.

Et moy, que le premier en viendra mieux à bout.

4*

Lelie.

1170 La douceur neantmoins eſt le meilleur dictame,
Que l'on puiſſe appliquer aux maux d'vne belle ame.
[71]   Scipion.
Mais quand vne belle ame a perdu la raiſon,
Ce remede eſt ſans force, ou n'eſt plus de ſaiſon ;
Ce qu'a faict Maſsiniſſe eſt ſi deſraiſonnable,
1175 Qu'à peine mon eſprit le treuue imaginable ;
Et marque en ſa raiſon vn tel deſreiglement,
Qu'il porte ſon excuſe en ſon aueuglement :
Loin de s'imaginer que ſans beaucoup de peine,
On tire ce Pâris du ſein de ſon Helene ;
1180 Ie crains que cét Hymen augmentant ſa fureur,
Ne luy faſſe plus outre eſte(i)ndre ſon erreur ;
Et que le meſme esprit qui le fit entreprendre,
Ne porte ſa manie à le vouloir deffendre.
En ce cas nous voyons à quelle extremité
1185 Ceſte funeſte Amour l'auroit precipité.
Mais le voicy venir, triſte, & ſans contenance ;
Eſſayons la douceur auant la violence.
Ie treuue cependant qu'il ſeroit à propos,
Et pour noſtre conduite, & pour nostre repos,
1190 D'aller prendre nous-meſme, & le temps & la peine ;
Que nos gardes ſans bruit s'aſſeurent de la Reine.

[72]   A C T E I V.

SCENE III.

MASSINISSE.   SCIPION.

Scipion.

ET bien, cher Maſſiniſſe, eſt-il ſous le Soleil
Vn Roy dont le bõ-heur ſoit au voſtre pareil ?
Quoy ? bons Dieux ! dans le cours d'vne meſme iournée
1195 Recouurer vn Royaume, & faire vne Hymenée ?

Pour moy ie ne crois pas que fans enchantement,
On puiſſe aller plus loing, & plus legerement.
Certes quand le recit de toutes ces merueilles,
De Lelie & de moy vint frapper les oreilles,
Tous deux pouſſez pour vous d'vne meſme amitié ; 1200
O grands Dieux ! diſmes-nous, c'eſt trop de la moitié.
En effect vous pouuiez, fans ternir voſtre gloire,
Vous contenter pour lors de la feule victoire.
[73] Il n'eſtoit pas beſoin de faire en meſme temps,
Deux exploits fi fameux, & fi fort importans : 1205
Mais peut-eſtre eſt-ce vn bruit qui court à l'auāture,
Et que toute vue armée a creu par conjecture.
De moy mon iugement iuſqu'icy ſuſpendu,
Ne conceura iamais cét Hymen pretendu,
Que la confeſsion qu'en fait la Renommée, 1210
Par voſtre propre adueu ne me foit confirmée.
Oſtez nous donc de doute, & faites s'il vous plaiſt,
Que nous ſçachions de vous la choſe comme elle eſt.

Maſsiniſſe.

Icy le ſens commun ne veut pas que ie cache,
Ce qu'il faut auſsi-bien que tout le monde ſçache ; 1215
Et la terre & le Ciel exigent mon adueu,
Sur vn miſtere ſainct, que l'vn & l'autre a veu.
En fin i'abuſerois de voſtre patience,
Si ie vous en parlois contre ma conſcience.
Il eſt vray, Scipion, que Sophoniſbe & moy 1220
Auons pris & donné la coniugale foy,
Et nous ſommes liez d'vne cheſne ſi ſaincte,
Qu'on ne ſçauroit fans crime en deffaire l'eſtrainte.
Ie voy bien que deſia voſtre feuerité,
Condamne mon amour & ma legereté. 1225
[74] Dautāt mieux que voſtre ame eſt encore à conneſtre,
Ce qu'il peut ſur vn cœur dont il s'eſt rendu maiſtre :
Auſsi dans mon malheur ie ferois trop heureux,
Si i'auois vn Cenſeur autrefois amoureux :
Mais ayant au contraire vn Scipion pour Iuge, 1230
Quel fera mon espoir ? où fera mon refuge ?

Et de quelles raiſons me faudra-t'il vſer,
S'il n'a iamais connu ce qui peut m'excuſer?
S'il ignore d'amour la puiſſance ſupreſme,
1235 Qui ſeule a fait ma faute, & l'excuſe elle-meſme;
Et quelle grace en fin puis-ie attendre de luy,
Si par ſes ſentimens il iuge ceux d'autruy?

Scipion.

Il eſt vray que touſiours i'ay gardé ma franchiſe,
De ſe prendre aux filets où la voſtre s'eſt priſe,
1240 Et touſiours eſuité ces folles paſsions,
Comme vn chemin contraire aux belles actions.
Ce n'eſt pas que mon ſein ſouſtienne vn cœur de roche,
Impenetrable aux traicts que l'amour nous deſcoche:
La main qui fit le voſtre a fait le mien auſsi,
1245 Et la ſeule vertu me le rend endurcy.
C'eſt auec ce bouclier qu'il falloit ſe deffendre,
Et mon exemple ſeul vous le deuoit apprendre.
[75] Ha! mon cher Maſsiniſſe, il falloit en effect,
Vous deffendre vn peu mieux que vous n'auez pas fait.
1250 Ie ſçay que dés long-temps les Hiſtoires ſont pleines
Des transports amoureux des meilleurs Capitaines;
Mais où trouuera-t'on que les plus ſignalez
Puiſſent eſtre en fureur aux voſtres eſgalez?
Maſsiniſſe en vn iour, voit, ayme, et ſe marie,
1255 A-t'on iamais parlé d'vne telle furie?
Bien plus, l'aueuglement de ſa raiſon eſt tel,
Qu'il entre dans le lict d'vn ennemy mortel,
D'vn Syphax, d'vn tyran, de qui l'injuſte eſpée
A ſur ſon pere mort la couronne vſurpée:
1260 Certes ſi pour vanger la mort de nos parens,
Il falloit eſpouſer les veſues des tyrans,
Les voſtres qu'il perdit, ont toute l'allegeance
Qu'ils pourroient deſirer d'vne telle vengeance.
Il eſt vray que chacun en ſon propre intereſt
1265 Se rend compte à ſoy-meſme, & fait cōme il luy plaiſt;
Et par ceſte raiſon vous auez creu poſsible,
Qu'en cette affaire-cy tout vous eſtoit loiſible:

Mais à mon iugement il eſt bien mal-aiſé,
Que le voſtre en ce poinct ne ſe ſoit abuſé.
Peut-eſtre croyez-vous que par cét Hymenée, 1270
Sophoniſbe ſoit voſtre, & qui vous l'a donnée?
[76] Par quelle authorité prenez vous le butin,
Qui doit appartenir à l'Empire Latin?
Ne ſçauez-vous pas bien que c'eſt là ſon partage,
Et qu'il vous reſtablit dedans voſtre heritage? 1275
Par le congé de qui l'auez-vous entrepris?
Non, non, noſtre Allié, rapellez vos eſprits,
La plus courte fureur eſt touſiours la meilleure :
Quittez donc Sophoniſbe, & la rendez ſur l'heure ;
C'eſt par là ſeulement que vous feront rendus 1280
Le repos et l'honneur, que vous auez perdus.

Maſsiniſſe.

Quel hōneur, ô grands Dieux ! & quel repos en l'ame
Peut auoir vn mary d'abandonner ſa fãme?

Scipion.

N'ayant pû l'eſpouſer, puis qu'ell' eſtoit à nous,
Ce mariage eſt nul au iugement de tous. 1285

Maſsiniſſe.

Et la force & le droict veulent que ie la rende ;
Elle eſt voſtre, il eſt vray, mais ie vous la demande.

Scipion.

Ie ferois vne faute indigne de pardon,
Si ie vous octroyois vn ſi funeſte don.
[77] Accorder ce preſent à l'ardeur qui vous brûle, 1290
Ce ſeroit vous donner la chemiſe d'Hercule.

Maſsiniſſe.

S'il m'eſt icy permis de vous rendre preſens
Les ſeruices rendus dés mes plus ieunes ans ;
Et ſi dans le paſsé ie puis auſsi comprendre,
Tous ceux qu'à l'aduenir ie deſire vous rendre ; 1295
Ma triſteſſe auiourd'huy vous coniure par eux,
De ne me rauir pas ce ſalaire amoureux.

Non que toute ma vie en feruices paſsée,
Ne fuſt trop dignement defia recompenſée:
1300 Mais à quoy tant d'honneur & de biens ſuperflus,
Si l'on m'oſte celuy que i'eſtime le plus?
Ie ſçay que demandant la choſe qu'on me nie,
Ie demande vn threſor de valeur infinie;
Auſsi n'appartient-il qu'aux Romains ſeulement,
1305 De m'accorder vn don qui vaille infiniment.
Faictes-moy donc encor cette derniere grace,
Par ces mains que ie baiſe, & ces pieds que i'ĕbraſſe.

Scipion.

Leuez-vous, Maſsiniſſe, et vous reſſouuenez,
De conſeruer l'honneur du rang que vous tenez:
1310 [78] Oüy, comme voſtre amy, qui plains voſtre infortune,
Ie vous accorde tout, ſans difference aucune,
Mais d'autre part auſsi, comme voſtre Empereur,
Qui plains & blaſme en vous cette aueugle fureur,
Pour la derniere fois il faut que ie vous nie
1315 Ce qu'exige de moy voſtre mauuais Genie:
Les raiſons que i'en ay font de tel intereſt,
Que rien ne peut changer cét immuable arreſt,
Neceſſaire au ſalut de la choſe publique:

Maſsiniſſe.

O mortelle ſentence! ô decret tyrannique!
1320 Quoy donc de tant de coups mon eſtomac ouuert,
Et tout mon triste corps de bleſſures couuert,
Dont vous fuſtes iadis le teſmoin oculaire,
Ne pourront m'obtenir vn plus digne ſalaire?
M'a-t'on veu tant de fois vne picque à la main,
1325 Souſtenir la grandeur de l'Empire Romain,
Pour me voir maintenant demander auec larmes,
Ce que i'ay merité par le ſang & les armes?
Mais celuy qui le vit en fait ſi peu de cas,
Qu'il eſt à preſumer qu'il ne s'en ſouuient pas.
1330 Montrez, montrez-vous donc mes bleſſures fermées,
Vaines marques d'honneur par le fer imprimées;

[79] Telles, s'il fe pouuoit, que vous estiez alors
Que vous fiftes tomber ce miferable corps :
Voyez fi vous changeant en de fanglantes boucles,
Vous n'adoucirez point fes fentimens farouches.
O Dieux! rien ne l'efmeut, ô cœur fans amitié,
Et fourd à la priere, & fourd à la pitié !
Icy il se pourmene fans rien dire.
Scipion.
Laiffons-le vn peu nager dans la melancholie,
Et nous feruons apres de l'efprit de Lelie.
Bon, il vient à propos. —

---

[80] ACTE IV.

SCENE IV.

Lelie.

Et bien, fe rend-il pas ?
Scipion.
Vous voyez comme il refue, et chemine à grands pas :
Adieu, ie vous le laiffe, effayez ie vous prie,
De calmer doucement les flots de fa furie :
Comme il eft violent, il pourroit s'emporter,
Et moy ie feray mieux de ne pas l'efcouter.
Il rentre.
Mafsiniffe.
Non ie n'en feray rien, la chofe eft refoluë ;
Ou l'on m'y contraindra de puiffance abfoluë.
[81] ### Lelie.
Ces mots interrompus de foufpirs redoublez,
Montrent qu'il a les fens extremement troublez ;
Les tragiques penfers où ie voy qu'il fe plonge,
Irritent fa fureur, & l'ennuy qui le ronge :
C'eft pourquoy de bonne heure il faut l'en diuertir ;
Et quoy ?

Maſsiniſſe.

Non, Scipion, ie n'y puis conſentir.

Lelie.
L'excez de ſa douleur l'aueugle, & le tranſporte.
Quoy, vous meſconnoiſſez vos amis de la ſorte?

Maſsiniſſe.
Ha! Lelie, il eſt vray que ie croyois parler
A cét inexorable.

Lelie.
                      Il vient de s'en aller,
Qui plaint vostre aduanture.

[82]   **Maſsiniſſe.**
                         O ridicule choſe!
Il plaint mon aduanture, & c'eſt luy qui la cauſe.
Ha! qu'vn parfait amy ſe treuue rarement!

Lelie.
Croyez que Scipion vous ayme aſſeurément:
Il vous ayme, & ſur tout c'eſt en ceſte rencontre,
Que pour voſtre ſalut ſon amitié ſe monſtre.
Conſiderez de grace, & ſans vous emporter,
Quel eſt le grand threſor qu'il voudroit vous oſter:
C'eſt la vefue d'vn Roy, qui cent fois en ſa vie
A par cent cruautez la voſtre pourſuiuie,
Employant contre vous le fer et le poiſon,
Apres auoir deſtruit toute voſtre maiſon.
Pour elle, à ce qu'on dit, c'eſt vne belle choſe:
Mais voyons ſon esprit, & les maux qu'elle cauſe.
Auant que le poiſon de ſes regards charmans,
Eut mis le vieux Syphax au rang de ſes amans,
Ce Prince eſtoit-il pas, oſté la perfidie,
Le plus grand que iamais ait veu la Numidie?
Et dés qu'ils furent joints par le nœud coniugal,
Fut-il iamais mal-heur à ſon mal-heur égal?
[83] Elle ne ceſſa point, que pour plaire à ſa hayne,
Il n'euſt abandonné la puiſſance Romaine;

Et par cefte imprudence, à fa perte animé,
Ceux qu'il ayma iadis, et dont il fut aymé. 1385
O vous dont la vertu, le cœur, & la vaillance,
Sont le plus cher obiect de noftre bien-veïllance;
Voyez fi fans fujet nous craignons auiourd'huy,
Que le mefme rocher ne vous perde auec luy.

Mafsiniffe.

Croyez, mon cher Lelie, auecque certitude, 1390
Que fur tous actes noirs ie hay l'ingratitude;
Et qu'il n'eft ny beauté, ny coniugale loy,
Qui m'efloigne iamais de ce que ie vous doy.
Ie tiens tout du Senat, & fçay quel aduantage
A l'Empire Romain fur celuy de Cartage: 1395
Non, non, cher Confident, afleurez Scipion
De la fincerité de mon affection;
Dites-luy que iamais cefte innocente Reyne
Ne me diuertira de l'amitié Romaine,
Qu'on oftera plutoft les feux du firmament; 1400
Enfin qu'il ait pitié d'vn miferable amant.
[84] Tafchez de m'adoucir ce courage infenfible,
Ie n'efpere qu'en vous;

Lelie.

I'y feray mon pofsible.
Pauure esprit aueuglé, qui ne reconnois pas, 1405
Que l'amour te feduit auec fes faux appas!
Certes ie plains ton fort, quoy qu'en cét Hymenée
Ton obftination fafse ta deftinée.

Fin du 4. Acte.

LA
SOPHONISBE,
TRAGEDIE DE MAIRET.

ACTE V.
SCENE I.

Maſsiniſſe.

 QVE les Dieux tous parfaicts de nature qu'ils font,
1410 Teſmoignent d'inconſtãce aux preſents qu'ils nous font !
 Qu'il est aysé de voir au mal-heur de ma vie,
 Que nos prosperitez leur cauſent de l'enuie,
 Et qu'ils ne donnent point vn plaiſir ſans douleur,
 De peur qu'vn bien entier ne ſoit ſemblable au leur :
1415 En vain dans le deſtin des affaires humaines,
 D'autres ſe promettront des voluptez certaines,
 Si ie monſtre auiourd'huy que le meſme Soleil,
 Qui vit hier mon bon-heur à nul autre pareil,
 Comme deſia ſon char s'alloit cacher ſous l'onde,
1420 Me treuue à ſon retour le plus triſte du monde.
 Que me ſert la puiſſance & le tiltre de Roy,
 Si dans mon propre Eſtat on me donne la loy ?
 Que me ſert le Laurier qui me couure la teſte,
 S'il ne peut empeſcher la prochaine tempeſte,

Dont s'en va foudroyer ma gloire & mes plaifirs
Ce mortel ennemy des amoureux defirs;
Ce naturel chagrin, qui n'aymant rien luy-mefme,
Ne fçauroit approuuer ny fouffrir que l'on ayme :
Enfin, de quoy me fert l'audace & la valeur,
Si i'ay les bras liez en ce dernier mal-heur?
Helas! fi ce threfor de beautez & de charmes,
Comme ie l'ay gaigné par la force des armes,
Par les armes aufsi fe pouuoit conferuer.
Que ne ferois-je point a fin de le fauuer?
S'il me falloit dompter le monftre d'Andromede,
Mon malheur en ma main treuueroit fon remede :
[87] S'il me falloit encor aller contre les morts,
Sur les pas d'vn Hercule, efprouuer mes efforts;
Et l'arracher des fers comme vn autre Thefée,
Mon Amour me rendroit cefte entreprife ayfée.
Mais ayant à combatre vn monftre renaiffant,
Vne fiere Harpie, vn Aigle rauiffant,
De qui le vol s'eftend par tout noftre hemifphere,
Que pourrois-ie entreprĕdre? ou que pourrois-ie faire
Qui n'excedaft l'effort & le pouuoir humain?
Forceray-ie moy feul tout vn peuple Romain?
Ou feray-ie moy feul ce qu'en feize ans de guerre,
N'a pû faire Hannibal, ny par mer ny par terre?
Non, non, ma Sophonifbe, il n'y faut plus penfer,
Noftre Sort n'eft pas tel qu'on le puiffe forcer :
C'eft la feule douceur qui vous peut rendre mienne,
Hors cela, mon efpoir n'a rien qui le fouftienne :
Pofsible que Lelie aura mieux reüfsy
Que ie n'ofe esperer. O grands Dieux! le voicy,
Qui me vient prononcer ma derniere fentence :
Sus, mon cœur à ce coup arme toy de conftance.

ACTE V.
SCENE II.
LELIE. MASSINISSE.

Maſsiniſſe.

ET bien, mon cher Lelie, irons-nous à la mort?
Venez-vous m'annoncer le naufrage ou le port?

Lelie.

Sire, c'eſt à regret que ie ſuis le miniſtre,
1460 Et le triste porteur d'vn mandement ſiniſtre;
I'ay charge de vous dire, & de vous ordonner,
De rendre Sophoniſbe, ou de l'abandonner,
Comme choſe au public vtile & neceſſaire,
Aduiſez maintenant ce que vous voulez faire?

Maſsiniſſe.

1465 Me perdre, & par ma mort aprendre à tous les Rois
A ne ſuiure iamais ny vos mœurs, ny vos lois,
Cruels, qui ſous le nom de la choſe publique,
Vſez impunément d'vn pouuoir tyrannique;
Et qui pour teſmoigner que tout vous eſt permis,
1470 Traictez vos Alliez comme vos ennemis.

Lelie.

Ne luy repliquons rien, que toutes ces fumées
En ſemblables tranſports ne ſe ſoient conſumées;
La fureur diminuë à force de parler:

Maſsiniſſe.

Ha! que ſi le paſsé ſe pouuoit r'apeller,
1475 Ie m'empeſcherois bien de ſeruir de matiere,
A la ſeuerité de ton humeur altiere;
Peuple vain, qui croirois n'auoir pas triomphé,
A moins d'vn pauure Roy ſous ſes fers eſtouffé.
C'eſt par ceſte raiſon, ou publique, ou priuée,
1480 (Puis qu'vn particulier l'a poſsible treuuée)

Que de force abſoluë on me fait rendre vn bien,
Sans le quel ie ne veux, ny n'eſpere plus rien.
Oüy, Lelie, il importe à la gloire d'vn homme,
Que ma femme elle-meſme aille eſclaue dans Rome;
Et que ſa vanité ſeule ſemblable à ſoy,
Triomphe à meſme temps de Syphax & de moy.
O bien-heureux vieillard dont la trame eſt finie
Sur le poinct qu'il tomboit ſous voſtre tyrannie!
[90] Et moy tres-mal-heureux d'eſprouuer à preſent,
Cōbien meſme aux vainqueurs voſtre ioug eſt peſant.
Qu'il s'en ſaiſiſſe donc, qu'il l'enleue & l'entraine,
Ceſte deſesperée & pitoyable Reyne;
Il faut que ſon triomphe ayt tout ſon ornement:
Ie n'y contredis plus, ie l'ay fait vainement:
Suffit, ſi ie ne puis y faire plus d'obſtacle,
Que ma mort preuiendra cét indigne spectacle.

Lelie.

Il luy faut pardonner ces violans transports:
Mais parlons maintenant, qu'il a tout mis dehors.
 Sire, ſi vous pouuiez à force d'inuectiues,
Rendre vos paſsions & vos douleurs moins viues,
Ie vous conſeillerois de les continuër,
Tant que voſtre ſouffrance en pût diminuër.
Deſcriez deuant moy le ioug de noſtre Empire,
I'y conſens, & diray qu'il eſt encore pire:
Mais ie ne puis ſouffrir que vous blaſmiez à tort
Vn homme qui vous plaint, & vous ayme ſi fort;
Et dont l'ambition n'eſt pas ſi deſregléc,
Que vous la conceuez en voſtre ame aueuglée.
Vous ſçauez, & le temps vous y fera ſonger,
La raiſon qui l'oblige à vous deſobliger.
[91] Ie ne la diray point, vous l'ayant deſia dite;
C'eſt pourquoy iugez mieux d'vn ſi rare merite.
Que de vous figurer que pour ſa vanité,
Il voulut vous traicter auec indignité.
Il cognoiſt voſtre cœur, il en fait trop de conte;
Bref, il vous ayme trop pour chercher voſtre honte:

Il ne veut rien de vous, finon que vous rendiez
Celle qui vous perdroit, fi vous ne la perdiez;
Et pour l'amour de vous & de voftre Hymenée,
1520 Elle ne fera point en triomphe menée.

Mafsiniffe.
A quoy donc Scipion la veut-il deftiner?

Lelie.
C'eft à vous maintenant à vous l'imaginer.
Vous fçauez du Senat l'ordonnance derniere;
Par laquelle arriuant qu'elle fût prifonniere,
1525 Il nous eft à tous deux exprefsément enjoint,
De l'enuoyer à Rome, & de n'y manquer point:
Regardez maintenant fi vous auez enuie
De luy fauuer l'honneur aux defpens de la vie;
Et ne vous plaignez plus, puis qu'à bien difcourir,
1530 Voftre amy luy fait grace, en la laiffant mourir.

[92] **Mafsiniffe.**
Quelle grace, ô bons Dieux!

Lelie.
C'eft pourtant la plus grande
Qui fe puiffe accorder, & que le temps demande.
Sire, releuant donc voftre esprit abbatu,
1535 D'vne necefsite faictes vne vertu.

Mafsiniffe.
Helas! quelle vertu voulez-vous que ie faffe,
Qui ne foit ridicule, & de mauuaife grace?
Voulez-vous que ie montre vn vifage ferain?
Rendray-ie encore grace au Iuge fouuerain,
1540 De qui l'arreft fanglant a conclu ma ruyne,
Ou fi ie baiferay le bras qui m'affafsine?

Lelie.
La plus haute vertu qu'on exige de vous,
C'eft de fouffrir vn mal qui nous afflige tous.

Mafsiniffe.
Il faut bien le fouffrir, puis que mon impuiffance:

####### Lelie.

Ie veux dire souffrir auecque patience, 1545
[93] En vous reprefentant que par cefte action,
Vous gaignez vn laurier fur voftre pafsion,
Que Romme, le Senat, & toute l'Italie,
A qui d'orefnauant voftre Sceptre s'allie,
Si vous prenez pour eux cefte fortune en gré, 1550
Vous cheriront encor en vn plus haut degré.
Regardez, s'il vous plaift, vos dernieres conqueftes,
Le trouble où vous eftiez, & le calme où vous eftes ;
Ne m'auoüirez-vous pas que vous feriez ingrat,
Et point ou peu foigneux du bien de voftre Eftat, 1555
Si vous nous obligiez par quelque violence,
A retrancher pour vous de noftre bien-veïllance :
Quel malheur & pour vo⁹ & pour tous les Romains,
S'il leur falloit deffaire auec leurs propres mains,
Leur plus confiderable & plus parfait ouurage? 1560
Mais pofons qu'en cecy le Senat vous outrage,
Quoy, pour vn defplaifir qu'il vous fait auiourd'huy,
Perdra-t'il cent bien — faits que vous tenez de luy?
Ne condamnez donc point auecque vos murmures
Ny nos mœurs, ny nos loix. 1565

####### Mafsiniffe.
O Dieux qu'elles font dures!
En effet il eft vray, ie ferois plus qu'ingrat,
Si ie ne refpondois aux biens-faits du Senat :
[94] Mais ie ferois moins qu'hõme, ou biẽ plus que barbare,
Si ie ne fremiffois du mal qu'on me prepare : 1570
Et bien n'en parlons plus, m'y voilà refolu,
Il faut bien le vouloir, quand Rome l'a voulu.
O mary deplorable! O mal-heureufe fâme!

####### Lelie.
Sire, n'y fongez plus.

####### Mafsiniffe.
Arrachez-moy donc l'ame ; 1575
Quoy qu'en vain, car encore on m'y verra fonger
Au milieu des Enfers :

Lelie.

Que veut ce Meſſager?
C'eſt infailliblement la Reyne qui l'enuoye,
1580 Il faut bien empeſcher qu'elle ne le reuoye.

ACTE V.

SCENE III.

Meſsager.

SIRE, quand vous lirez le papier que voicy,
Vous ſçauez le ſuject pourquoy ie ſuis icy.

Lettre de Sophoniſbe.

SI rien ne peut flechir la rigueur obſtinée
De ceux que mon courage a fait mes ennemis,
1585 Plutoſt qu'eſtre captiue en triomphe menée,
Donnez-moy le preſent que vous m'auez promis.

Maſsiniſſe.

Oüy, ie ſuis obligé de tenir ma promeſſe,
Ie vay vous le porter; puis que l'heure me preſſe,
Et que la ſeule mort peut finir voſtre ennuy:

Lelie.

1590 Sire, ne le donnez que par la main d'autruy.
Vos maux en la voyant s'augmenteront,

Maſsiniſſe.

N'importe.

Lelie.

Croyez-moy.

Maſsiniſſe.

Non, Lelie, il faut que ie le porte.

Lelie.
Vous ne le ferez pas, ce n'eft que temps perdu : 1595
Mafsiniffe.
Et pourquoy?
Lelie.
C'est vn poinct qu'on vous a deffendu,
De peur que cette veuë accreut voftre fupplice.
Mafsiniffe.
Bien donc, que de tout poinct mon Deftin s'accōplifſe :
Tu le vois, mon amy, qu'auec tout mon pouuoir, 1600
Il ne m'est pas permis feulement de la voir.
O Dieux! fouffrirez-vous qu'vne iniufte puiffance,
Regne fur vos enfans auec tant de licence?
[97] **Lelie.**
Ce violent efprit s'efchape à tout moment,
Certes il eft à plaindre en fon aueuglement. 1605
Ie crains quelque reuolte en fon ame agitée,
Le voila qui rumine.
Mafsiniffe.
La pierre en eft iettée ;
Mon amy vien querir ce funefte prefent,
Allons, Lelie, allons, vous y ferez prefent. 1610

---

[98] # ACTE V.

SCENE IV.

SOPHONISBE. CORISBÉ. PHENICE.

Phenice.
MADAME, voftre humeur craintiue, & foucieufe,
A vous inquieter eft trop ingenieufe.
Le moindre objet vous trouble ; vn fonge, vne vapeur,
Vn corbeau qui croaffe, enfin tout vous fait peur.

5*

Sophonifbe.

1615 Phenice, croyez-moy, ie fuis venüe aux termes,
Où doiuent s'efbranler les esprits les plus fermes:
Le mal-heur qui m'attend eft fi prodigieux,
Les fignes que i'en ay font fi prefagieux,
Et tous fi clairement marquent ma deftinuée,
1620 Que vous qui m'affeurez en ferez eftonnée.
Vous fçauez qu'hier au foir lors qu'Hymen nous joignit,
Par deux diuerfes fois fon flambeau s'efteignit,
[99] Que mefme à ce matin vne brebis frapée,
S'eft de la main du Preftre & du Temple efchapée,
1625 Et qu'eftant ramenée auec le coup mortel,
La foudre a confumé la victime & l'autel.
Deux funeftes oyfeaux dans l'horreur des tenebres,
Ont troublé mon repos auec leur cris funebres:
Encore auiourd'huy mefme au leuer du Soleil,
1630 Vn fonge espouuentable a caufé mon refueil.
Du mal-heureux Syphax l'image enfanglantée,
Auec ces triftes mots à moy s'eft prefentée.
Ingrate, ie reuiens de l'eternelle nuict,
Pour t'affeurer encor du mal-heur qui te fuit:
1635 D'vn mary mesprisé le courroux legitime,
Te demande aux Enfers, où t'apelle ton crime:
Adieu, tes voluptez feront naufrage au port,
Ie te l'ay dit viuant, & ie te le dy mort.
Là certes le fommeil à la crainte a fait place,
1640 Et ie me fuis treuuée aufsi froide que glace:
Puis embraffant le Roy, par vn contraire effet,
La peur a fait en moy ce que l'Amour euft fait.

Corifbé.

Il eft vray qu'apres tout voila des pronoftiques,
Qui font auant-coureurs d'auantures tragiques:
1645 [100] Mais le Pere des Dieux à qui tout eft permis,
En deftourne l'effect deffus nos ennemis.

Sophonifbe.

Ce qui me met en peine auec plus d'apparence,
C'eft l'extreme longueur de cefte conference:

Le Roy dorefnauant met trop à reuenir,
Pour croire auec raifon, qu'il ait pû m'obtenir :
Mais voicy de retour celuy par qui la vie
Me fera conferuée, ou me fera rauie.

[101] ## ACTE V.
SCENE V.
Mefsager.

QVE ie fuis mal-heureux de feruir d'inftrument,
A la fureur du Sort !

Sophonifbe.

Auancez hardiment :
Monftrez-moy ce papier, donnez-moy ce breuuage,
Par où i'euiteray la honte du feruage.

LETTRE DE MASSINISSE,
A SOPHONISBE.

PVis qu'il faut obeyr à la neceffité,
Receuez de ma part cefte coupe funefte,
De tant de biens que i'eus, c'eft le feul qui me refte,
Et le dernier tefmoin de ma fidelité.

[102] O Dieux ! que ce prefent m'apporteroit de joye,
Si ie pouuois baifer la main qui me l'enuoye !
Dictes, Caliodore, et ne me trompez point,
Auez-vous obferué ce qui vous fut enjoint ?

Caliodore.

Madame, en le voyant vous auoûriez vous mefme,
Qu'ainfi que fon amour fa douleur eft extreme :
La couleur du trespas dont fon vifage eft peint,
Monftre de quel ennuy fon efprit eft atteint.
Mon amy, m'a-t'il dit, va-t'en dire à Madame,
Que Romme ne veut pas qu'elle viue ma fâme,

Et que c'eſt ſa vertu qu'on ne ſçauroit ſouffrir,
Qui fournit le poiſon que tu luy vas offrir.
Il porte dans le cœur vne mort ſi ſoudaine,
1675 Que preſque en vn inſtant il acheue ſa peine.
Apres en m'embraſſant, & me parlant tout bas,
A fin que les Romains ne l'entendiſſent pas;
Iure-luy, m'a-t'il dit, que la main de la Parque
M'euſt pouſſé le premier dans la fatale barque,
1680 N'eſtoit qu'apres ma mort nos communs ennemis
Perdroient le ſouuenir de ce qu'ils m'ont promis.
Qu'elle s'aſſeure donc, qu'vn treſpas digne d'elle,
Luy prouuera dans peu que ie luy ſuis fidelle.
[103] Auec ces derniers mots il s'eſt eſuanoüy;

Coriſbé.
1685 O de parfaicte amour teſmoignage inoüy!

Phenice.
O barbares Romains! ô Ciel impitoyable!

Sophoniſbe.
En fin voicy l'effet de mon ſonge effroyable:
Vous voyez maintenant que ce n'eſt pas à tort,
Que ie prenois pour moy tous ces ſignes de mort.
1690 Mais il m'eſt auſſi doux de mourir que de viure,
Puiſque mon Maſſiniſſe a iuré de me ſuiure.
Monſtre donc, cher Espoux, ta conſtance & ta foy,
Et ne differe pas vn inſtant apres moy.
Oüy, pour trop te cherir ie te ſuis inhumaine,
1695 Tant i'ay peur que peut-eſtre, vne Dame Romaine,
Par l'ordre des Romains, mes tyrans & les tiens,
Ne prenne aupres de toy la place que i'y tiens.
Coriſbé ie vous prie, & vous auſſi Phenice,
De me faire vn plaiſir auant que ie finiſſe,
1700 Me l'accorderez-vous?

[104]

Coriſbé.
He! Madame, parlez:
Commandez ſeulement — — —

Sophonifbe.

— — — Puis que vous le voulez ;
Ie vous commande donc comme voftre Maiftreffe,
De contenir fi bien la douleur qui vous preffe, 1705
Que vos pleurs ny vos cris ne deshonorent pas
La gloire qui doit fuiure vn fi noble trefpas.
N'eft-ce point à mes iours vne gloire affez grande,
Que tous obfcurs qu'ils font Rome les apprehende ?
Nos vainqueurs font vaincus, fi nous leur tefmoignons, 1710
Qu'ils nous craignent bien plus que nous ne les craignons.
Sus donc ne perdons plus en difcours infertiles,
Le temps qu'il faut donner aux effets plus vtiles.
Déliurons les Romains de la peur, & du mal,
Que leur pourroit caufer la fille d'Afdrubal. 1715

Elle auale le poifon :

Phenice.

O Dieux ! c'eft maintenant que nous fommes perduës !

Sophonifbe.

Certes fi les Romains vous auoient entenduës,
[105] Ils auroient bien raifon de penfer à ce coup,
Que les maux qu'ils nous font nous affligent beaucoup.
Non, non, tefmoignons-leur que s'ils n'ont riẽ de pire, 1720
Nous n'auons pas fujet de craindre leur Empire,
Et leur oftons par là le plaifir & l'orgueil,
Qui les tranfporteroient, s'ils fçauoient noftre dueil.
Mais la Parque dans peu me fermera la bouche ;
Mes filles aydez-moy, portez-moy fur ma couche. 1725
Et que ie meure au moins deffus le mefme lict,
Où mon funefte Hymen hier au foir s'accomplit.

ACTE V.

SCENE VI.

SCIPION. MASSINISSE. LELIE.

Scipion.

IL est vray qu'en cecy vostre constance est telle,
Qu'on la doit couroner d'vne gloire immortelle;
Aussi ne doutez pas que Rome, & le Senat,
N'en fassent quelque iour vn merueilleux estat.
Sophonisbe n'est pas la derniere des fames,
Assez d'autres encor sont dignes de vos flames.
[106] Quand vostre iugement se fera reconnu,
Vous benirez le mal qui vous est aduenu,
Si l'on peut dire mal vn fortuné veufuage,
Que ie n'ay souhaitté que pour vostre aduantage.

Massinisse.

O Dieux, quel aduantage!

Scipion.

En vne autre saison,
Vous en connoistrez mieux la suite, & la raison:
Lelie à mon aduis vous les a fait comprendre,
Dans la charge & le soin qu'il en a voulu prendre;
Au moins si vos transports ne me font point douter,
Qu'il ayt pû vous les dire, & vous les escouter.

Lelie.

Seigneur, par sa froideur, & par sa retenuë,
On voit que sa raison est vn peu reuenuë;
Et ie ne doute point qu'il ne confesse vn iour,
A quel poinct de mal-heur l'eût porté cette amour.
Et qu'on n'a trauaillé que pour sa seule gloire:
Aussi deuez-vous, Sire, en perdre la memoire,
Bannir ces noirs soucis, vous diuertir ailleurs,
Et donner vos pensers à des objects meilleurs.

[107] **Scipion.**

La cheute de Syphax vous laiſſe vne matiere,
Capable d'exercer vne ame toute entiere.
Vn Royaume nouueau fournit aſſez de quoy
Occuper le loiſir, & l'eſprit de ſon Roy.
C'eſt à ſi digne employ que voſtre ame occupée,
Se guerira dans peu du traict qui l'a frappée,
Et que Lelie & moy vous verrons cenſurer
L'aueugle paſsion qui vous faict murmurer.

Maſsiniſſe.

Ie vous tromperay-bien auant que le iour paſſe.

[108] A C T E V.

SCENE VII.

Caliodore.

O Conſtance incroyable! ô mortelle diſgrace!

Maſsiniſſe.

Ha Dieux! la Reyne eſt morte!

Caliodore.

Oüy, Sire, c'en eſt faict:
Helas! iamais poiſon n'eut vn ſi prompt effect.

Maſsiniſſe.

Et bien, mes Souuerains, aurez-vous agreable,
Que n'ayant pû la voir en ſa fin lamentable,
Nous la faſsions au moins apporter deuant nous?
Oüy, vous en trouuerez le ſpectacle ſi dous:
Il eſt ſi neceſſaire au bien de voſtre Empire,
Que i'obtiens ma demande.

Scipion.

Il faut le laiſſer dire.

Maſsiniſſe.

Voyons donc ce threſor de grace & de beauté,
Mon amy, que ſur l'heure il nous ſoit apporté.

Caliodore.

1775 Si voſtre Majeſté deſire qu'on luy monſtre
Ce pitoyable obiect, il eſt icy tout contre :
La porte de ſa chambre eſt à deux pas d'icy,
Et vous le pourrez voir de l'endroit que voicy,
En leuant ſeulement ceſte tapiſserie.

Scipion.

1780 Ie crains que ceſte veuë eſueille ſa furie.

La chambre paroiſt.

Maſsiniſſe.

Icy le Meſſager rentre

O veuë! ô deſeſpoir! regardez maintenant,
O vous Conſul Romain, & vous ſon Lieutenant :
Si ie vous ay rendu l'aueugle obeyſſance,
Que voſtre authorité veut de mon impuiſſance,
1785 Ay-je eſté, qu'il vous ſemble, ou rebelle, ou trop lent
A l'execution de ce coup violent?
Oſtez-vous tout ſubiect de ſoupçon & de crainte,
Et voyez ſi ſa mort eſt point vne mort feinte.
Voyez ſi de ſon teint les roſes & les lis,
1790 Dans l'hyuer de la mort ſont bien enſeuelis :
Obſeruez ces yeux clos, conſiderez-la toute,
Tant qu'il ne vous demeure aucun ſubiect de doute.
Mais ſans conſiderer ſes yeux ny ſa couleur,
Il ne faut regarder que ma ſeule douleur :
1795 Il ne faut qu'obſeruer le dueil qui me tranſporte,
Pour croire aſſeurément que Sophoniſbe eſt morte.
Elle eſt morte, & ma main par cét aſſaſsinat,
M'a voulu rendre quitte enuers voſtre Senat :
Si la reconnoiſſance aux biens-faits ſe meſure,
1800 Ceſte ſeule action le paye auec vſure.
Par cét acte teſmoin de voſtre cruauté,
I'ay mis dans le tombeau l'amour & la beauté :

Enfin par cefte mort qui fait voftre affeurance,
Vous n'auez plus de peur, ny moy plus d'efperance.
Ne me dites donc plus que ie ferois ingrat, 1805
Et bien peu foucieux du bien de mon Eftat,
Si ie vous obligeois par quelque violence,
A retrancher pour moy de voftre bien-veïllance.
Quant à moy deformais tout m'eft indifferent,
Et quant à mon Eftat ma douleur vous le rend. 1810
Apres m'auoir ofté le defir de la vie,
Vos biens, ny vos honneurs ne me font point enuie.
[111] Vfurpez l'Vniuers de l'vn à l'autre bout,
Ie n'y demande rien, ie vous le cede tout.
Rendez-moy feulement vne chofe donnée 1815
Par Hymen, par l'Amour, & par la Deftinée :
En vn mot donnez-moy ce que vous craignez tous,
Et ie feray plus riche & plus content que vous.
Rendez-moy Sophonifbe :

Scipion.

Allons nous·en, Lelie ; 1820
Puis que noftre prefence irrite fa folie,
Et que nous ne voyons fer ny poifon fur luy,
Laiffons-le par la plainte adoucir fon ennuy.

Ils rentrent.

[112]   A C T E V.

SCENE VIII.

Plainte de Mafsiniffe, fur le corps de Sophonifbe.

MIRACLE de beauté, Sophonifbe mon ame,
Que ie n'ofe appeller de ce doux nõ de fâme, 1825
Tant les chaftes plaifirs d'Hymen & de Iunon
M'ont duré peu de temps pour te donner ce nom ;
Viue fource autrefois d'Amour & d'Eloquence,
Où la mort maintenant a logé le filence ;

1830 Belle bouche, beaux yeux, de tant d'attraits pourueus,
Pour mon contentement & trop & trop peu veus ;
Vous auez donc perdu ces puiſſantes merueilles,
Qui deſroboient les cœurs, & charmoient les oreilles ?
Clair Soleil, la terreur d'vn iniuſte Senat,
1835 Et dont l'Aigle Romain n'a pû ſouffrir l'eſclat ;
[113] Doncques voſtre lumiere a donné de l'ombrage ?
Donc vous eſtes couuert d'vn eternel nuage,
Et ſans aucun Midy, la Mort & le Deſtin
Confondent voſtre ſoir auec voſtre matin !
1840 Triſte & ſuperbe lict preſque en meſme iournée,
Teſmoin de mon veufuage & de mon Hymenée,
Falloit-il que le Ciel à ma perte obſtiné,
M'oſtât ſi toſt le bien que tu m'auois donné ?
Felicité rauie auſsi-toſt que connüe ;
1845 Sophoniſbe, en vn mot, qu'eſtes-vous deuenüe ?
Mais Dieux ! que ma demande a bien peu de raiſon,
Puiſque ma propre main a fourny le poiſon,
Qui fait qu'elle m'attend ſur le riuage ſombre,
Ou mon fidelle Eſprit va rejo[i]ndre ſon ombre ;
1850 C'eſt là, cruel Senat, que tes ſuperbes lois,
Ne feront point trembler les miſerables Rois.
Vn poignard, malgré toy, trompant ta tyrannie,
M'accorde le repos que ta rigueur me nie.
Cependant en mourant, ô Peuple ambitieux !
1855 I'apelleray ſur toy la cholere des Cieux.
Puiſſes-tu rencontrer, ſoit en paix, ſoit en guerre,
Toute choſe contraire, & ſur mer, & ſur terre.
Que le Tage, & le Pô contre toy rebellez,
Te reprennent les biens que tu leur as volez :
1860 [114] Que Mars faiſant de Romme vne ſeconde Troye,
Donne aux Cartaginois tes richeſſes en proye,
Et que dans peu de temps le dernier des Romains
En finiſſe la race auec ſes propres mains :
Mais conſumer le temps en des plaintes friuoles,
1865 Et flater ſa douleur auecque des paroles,
C'eſt à ces laſches cœurs que l'eſpoir de guerir,
Perſuade pluſtoſt, que l'ardeur de mourir.

Meurs miserable Prince, & d'vne main hardie,
Ferme l'acte fanglant de cette tragedie.
Il tire le poignard caché fous fa robe.
Sophonifbe en cecy t'a voulu preuenir; 1870
Et puifque tes efforts n'ont pû la retenir,
Donne toy pour le moins le plaifir de la fuiure,
Et ceffe de mourir en acheuant de viure.
Montre que les rigueurs du Romain fans pitié,
Peuuent tout fur l'Amant, & rien fur l'amitié. 1875
Il fe tuë.

FIN.

Anmerkungen.

Titelblatt. Im Original nach *DEDIEE* Komma.
S. 6, Z. 8 *vivants] vivanrs.*
29 i. O. nach *gris* Komma.
38 i. O. nach *trahir* Punkt, ebenso 45 nach *flambeau.*
39 i. O. nach *connoiffance* Komma.
43 i. O. nach *empoifonnée* Komma.
97 i. O. nach *loin* Komma.
107 i. O. nach *veritable* Komma.
113 i. O. nach *toy* Komma.
162 i. O. nach *fruit* Komma.
164 i. O. nach *honorable* Doppelpunkt.
168 *voftre*]. Das *noftre* des Os gäbe keinen Sinn. Die späteren Ausgaben haben auch *voftre.*
174 i. O. nach *legereté* Komma.
199 *pour] pous.*
200 i. O. nach *hayne* Komma. Ebenso 352 nach *endurer*, 418 nach *apprendre*, 490 nach *trop*, 602 nach *inclination*, 883 nach *dards*, 1009 nach *penfées*, 1049 nach *bon-heur*, 1355 nach *confentir*, 1565 nach *loix*, 1607 nach *rumine*.
209 Dass der Dichter hier von Papier spricht, darf nicht auffallen; *papier* hat hier die Bedeutung Schriftstück.
253 i. O. nach *attaché* Strichpunkt.
257 Statt *Efilque* haben die späteren Ausgaben *Eunuque.* Ver-

lesung *Eſilque* für *Eunuque* ist leicht denkbar, aber auch das Umgekehrte.
259 *paſſée*] *paſſee*.
S. 21 Z. 6 v o. und S. 22 Z. 249a *Coriſbé*] *Coriſbe*.
290 i. O. nach *trompé* Komma.
292 i. O. nach *inſcnſée* Komma.
393 i. O. nach *retraite* Komma.
400 Où] ou.
425 i. O. nach *lieux* Komma.
450 i. O. nach *Dieux* Komma.
477 i. O. nach *auanture* Punkt.
501 i. O. nach *vertu* Komma.
529 i. O. nach *rangs* Punkt.
532 Komma nach *mourir* fehlt i. O.
586 *employe* dreisilbig.
594 i. O. nach *deſeſperé* Komma.
617 i. O. nach *victoire* Komma.
620 *autheur*] *antheur*.
624 Komma nach *bon-heur* fehlt i. O.
625 i. O. nach *proſperes* Komma.
647 i. O. nach *amitié* Komma.
Nach 680 steht i. O. vor Schluss der Scene unten am Ende der Seite:
Sophoniſbe entre.
Phenice encore vn coup, tandis qu'il m'eſt loiſible,
Que i'applique à mes maux vn remede infaillible,
also der Anfang der folgenden Scene. Natürlich ein Druckfehler.
683 *que ie propoſe*. So auch die Ausgaben von 1705 und 1737 im Theatre françois. Vielleicht besser mit der Ausgabe in den Chefs-d'œuvre dramatiques (Paris 1773) *qu'on me propoſe*.
691 im O. nach *eſuité* Komma.
692a. 713a *Phenice*] *Philip*.
745 i. O. nach *parer* Komma.
781 *nouueax*] *nouueav*.
827 i. O. nach *merveilles* Komma.
851 i. O. nach *humain* Komma.
855 i. O. nach *Tibre* Komma.
874 i. O. nach *Vainqueur* Komma.
930 i. O. nach *condition* Komma.
960 Punkt nach *taiſe* fehlt i. O.
998 *encor*] *emeor*.
1067 i. O. nach *cendre* Komma.
1073 i. O. nach *foſſez* Punkt.
1076 i. O. nach *mal-heureux* Punkt.
1090 i. O. nach *enſuiuie* Punkt.
1121 i. O. nach *auſtere* Komma.

ANMERKUNGEN. 79

1220 i. O. nach *moy* Komma.
1222 i. O. nach *licz* Komma.
1225 *condamne*] *cadamne*.
1252 i. O. nach *signalez* Komma.
1258 i. O. nach *eſpee* Komma.
1284 *ell'*] *ell*.
1292 i. O. nach *preſens* Komma.
1314 i. O. nach *nie* Komma.
1319 *mortelle*] *mottelle*.
1328 *vit*] *vid*.
1345 i. O. nach *s'emporter* Punkt.
1356 i. O. nach *tranſporte* Komma.
1367 i. O. nach *monſtre* Komma.
1394 i. O. nach *aduantage* Komma.
1396 i. O. nach *Scipion* Komma.
1407 i. O. *Hymenée* Komma.
1421 i. O. nach *Roy* Punkt.
1432 i. O. nach *armes* Strichpunkt.
1448 i. O. kein Interpunktionszeichen nach *terre*.
1463 i. O. nach *public* Komma.
1472 i. O. nach *conſumées* Komma.
1502 i. O. nach *diminuer* Komma.
1507 i. O. nach *deſreglée* Punkt.
1517 i. O. nach *rendiez* Komma.
1533 i. O. nach *demande* Komma.
1549 i. O. nach *s'allie* Punkt.
1583 i. O. nach *obſtinée* Komma.
1600 i. O. nach *pouvoir* Punkt.
1651 i. O. nach *vie* Komma.
1646 *ennemis*] *ennemii*.
1660 i. O. nach *reſte* Punkt.
1678 und 1680 i. O. nach *Parque* und *ennemis* Komma.
1719 i. O. nach *beaucoup* Komma.
1731 i. O. nach *eſtat* Komma.
1733 *dignes*] *digne*.
1759 i. O. nach *cenſurer* Komma.
1761 i. O. nach *paſſe* Doppelpunkt.
1778 *endroit*] *endroit*.
1801 i. O. nach *cruauté* Punkt.
1841 i. O. nach *Hymenée* Fragezeichen.
1867 i. O. nach *mourir* Komma.
1868 i. O. nach *hardie* Punkt.